まだある。

今でも会える“懐かしの昭和”カタログ ～キャラクター編 改訂版～

初見健一

大空ポケット文庫

凡例

❶本書には、いわゆる「高度成長期」を子どもとして過ごした人々の記憶に強く残っていると思われる商品・企業キャラクター、商標などから、現在も使用されているもの一〇〇点を掲載した。

❷各種マーク類に関しては「生きものがモチーフになっている」、もしくは「顔がある」を選択の基準とし、文字だけで構成されたロゴマークなどは基本的に除外した。

❸記憶には地域差があるが、本書では視点を当時の東京に置いた。できる限り全国規模で認知されているものを選別してはいるが、「こんなの東京ローカルじゃん!」という例外もいくつかある。ご了承いただきたい。

❹キャラクター・商標は採用年順に羅列した。企業側が採用年を正確に把握していないものについては、「一九六〇年ごろ」「一九六〇年代前半」などと表示した。

❺原則として、販売期間・数量が限定される「復刻商品」に採用されたキャラクターや商標は除外した。

まだある。

今でも会える〝懐かしの昭和〟カタログ　～キャラクター編　改訂版～

花王の月のマーク

僕の周囲には、子ども時代、「花王のマークが大好きだった」、もしくは「なんとなく怖かった」と語る人が多い。僕自身も、幼少期は「月のマーク」がとても気になった。テレビを見ていて、「この番組は花王の提供でお送りします」というナレーションとともに「月のマーク」が大きく映し出されると、なんともいえない不思議な気分になったものだ。大人になった今ではうまく説明できないが、「月／三日月」のイメージには子どもにもボンヤリと感受できる「神秘性」があるのだろう。そうした意味では最強のロゴマークだと思う。確かめるすべはまったくないが、「月のマーク」は多くの人にとって生まれてはじめて記憶した企業のマークなのではないか？

花王の前身、長瀬商店が高級化粧石けんを発売した当時、化粧石けんは「顔洗い」と呼ばれていた。「かお」に通じることから自社石けんを「花王」と命名。このときにマークとして採用されたのが「美と清浄のシンボル」とされる月だ。以来、顔を持つ三日月のイメージは、一世紀以上にわたって同社のマークとして受け継がれている。

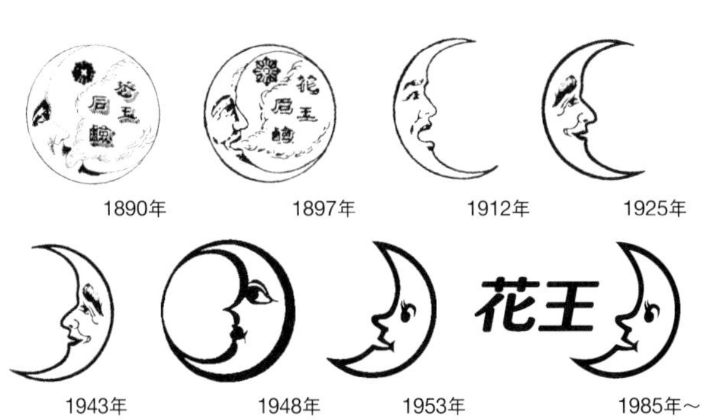

100年以上に及ぶ「月のマーク」の歴史。初期は口から石けんの泡らしきものを吐きだすリアルな男性の顔だったが、徐々にシンプルで洗練されたマークへ変化。顔も女性っぽくなった。我々世代が親しんだ顔は1953年に登場。ロゴが追加されたが、現行のマークにも同じ顔が使用されている

●花王の月のマーク（花王）

採用年：1890年

問合せ：花王株式会社／03-3660-7111

中将姫

子ども時代、入浴剤といえば「バスクリン」と「シャワシャワ」（ライオン）。たいていの家では、どちらを買うかの選択権を子どもが持っていたと思う。で、決め手になるのがオマケの魅力。僕は断然バスクリン派だった。「シャワシャワ」のオマケは水鉄砲などの無難なものが多かったが、「バスクリン」のオマケは、ヒモをスルスルと登っていくタコの人形とか、水を満たした筒のなかで消えたり現れたりする忍者とか、見たこともないような不思議なおもちゃばかりだったのだ。なかでも極めつけは、キャンペーン時に抽選で当たった「ブートン」。アリクイみたいなモンスターがピュッと舌を伸ばして、「よわ虫」という虫をつかまえるおもちゃだった。

「中将姫」は、かつてのバスクリンの缶で優しげな笑みを浮かべていた女性。創業から一九八八年まで、ツムラ（当時は津村順天堂）の商品を飾ってきた。CI導入で同社のロゴが一新されて以降、バスクリンなどからは消えてしまったが、同社の礎を築いたロングセラー婦人薬「中将湯」のパッケージ上で今も目にすることができる。

明治時代　大正時代　昭和初期　現在

「中将姫」は藤原鎌足の血を引く高貴なお姫様。継母に迫害され、身を寄せたのが創業者・初代津村重舎氏の母方の実家。薬草の知識があった姫が処方を伝え、誕生したのが「中将湯」だといわれている。「中将姫」のデザインは同社創業時から使用され、それぞれの時代の理想の美人像を表現してきた

●中将姫(中将湯)

採用年：1893年

問合せ：株式会社ツムラ／03-5574-6600

福助マーク

「福助足袋」で全国的に認知され、現在は靴下やストッキング、インナーといった商品を手がける福助。和装にほとんど縁のない人でも、同社の福助人形のロゴマークを知らない人はいないだろう。が、同社がこの福助を商標に使うようになった経緯には、やむにやまれぬ理由があったのだそうだ。同社は一八八二年、足袋装束店「丸福」として大阪で創業した。当初から大量生産システムを導入、機械縫いでも手縫いと変わらぬ品質の製品を安価で売り、商売も軌道に乗って店の名も広まった。しかし突如、同じ屋号を持つ和歌山の足袋店から商標取り消しの訴えを起こされる。結果は敗訴、広く知られはじめた「丸福」の名を取り消さざるを得なくなってしまった。

一同が困り果てているとき、創業者の娘婿が伊勢参りの際に古道具屋で福助人形を発見。その姿は謙虚だが威厳があり、福々しい。これを商標にしようと即座に決め、さっそく買って帰った。絵心のあった父が筆で描いた福助像で特許庁の手続きを行い、こうして後に足袋業界のトップメーカーとなる福助が誕生したのである。

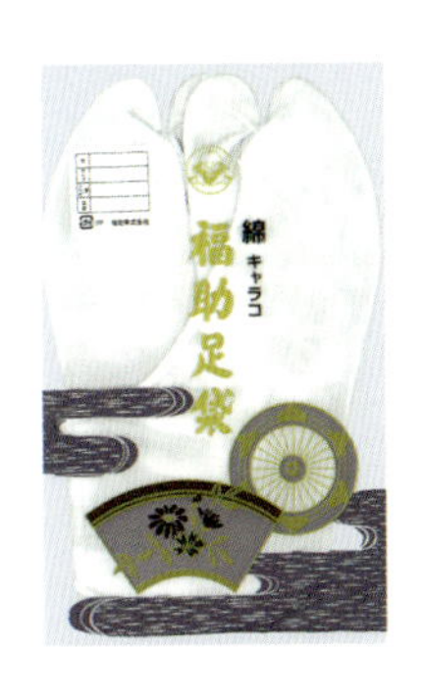

「仁・義・礼・智・信」を象徴するとされる福助人形。マークは時代とともに変化してきたが、2003年に大胆にリニューアル（下段右）。同社は大正時代から大広告塔、アドバルーンなどユニークな広告戦略でも有名。また、1968年からは毎年「お年玉人形」として「十二支福助」を製作している。左は同社ロングセラー「綿キャラコ福助足袋」。我々世代におなじみの旧マークが使用されている

●福助マーク

採用年：1900年
問合せ：福助株式会社／072-223-2275

ニッパー

もはや説明不要な傑作商標。現在はエンタテインメント事業を手がけるビクターエンタテインメントのロゴとして浸透しているが、その昔、商店街の電器屋さんの店先に置かれていた立体「ニッパー」はすっかり見なくなってしまった。かつては「ニッパー」をはじめ、「ナショナル坊や」や「ポンパくん（キドカラーの赤い鳥）」などの人形が電器屋さんの目印だったが、こういう習慣自体がなくなってしまったようだ。「ニッパー」マークには、昔から下のほうに小さく「HIS MASTER'S VOICE」と記されている。不思議に思っていた人も多いだろう。このマークの原型は、一八九九年、英国の画家、フランシス・バラウドによって描かれた一枚の絵。「ニッパー」は彼の兄が飼っていたフォックステリアの名だ。兄が亡くなり、バラウドは「ニッパー」を引き取った。あるとき、蓄音機で亡き兄の声を聞かせたところ、「ニッパー」は不思議そうに首をかしげながら、懐かしい声に聞き入ったそうだ。感銘を受けたバラウドはこの様子を絵に描き、「HIS MASTER'S VOICE」（主人の声）と題したのである。

バラウド作「HIS MASTER'S VOICE」。もともとはシリンダー式の蓄音機が描かれていたが、後に円盤式に描き変えられた。この絵に感動した円盤式蓄音機の発明者ベルリナーが1900年に商標として登録。以来、ビクターの技術と品質を保証するマークとなる

●ニッパー（JVCケンウッド）

採用年：1900年

問合せ：JVCケンウッド株式会社／045-444-5310

ウィングフットマーク

　自動車関連企業のマークにはカッコいいものが多いが、なかでも昔から男子に人気が高いのがグッドイヤーの「翼のついた靴＝ウィングフット」マークだろう。
　モチーフとなったのはローマ神話のマーキュリー。足首や靴から翼の生えた姿で表現されることが多い商人や旅人の守護神だ。幸せを運ぶ「吉報の使者」とも考えられている。これらが「タイヤを通じたモビリティの発展で幸せを届ける」という創業者フランク・セイバリング氏の想いと重なるため、同社のシンボルとして選ばれた。直接のヒントになったのは、セイバリング氏の自宅の柱に飾られていたマーキュリー像だったといわれている。以来、一世紀以上、ほとんどデザインに変更はない。
　このマークの知名度をアメリカで急速に高めたのは、飛行船を使用した独自の宣伝方法だといわれている。同社は飛行船を「空中の広報大使」として、一九二五年からは広告戦略に活用し、現在も続けている。日本でも行われていたことがあるので、同社のロゴを掲げた巨大な飛行船がゆったりと大空に浮かぶのを見た人も多いだろう。

スピード感と高貴さを併せ持った独特のデザイン。社名のグッドイヤーは、加硫ゴムの発明者、チャールズ・グッドイヤーのファミリーネームに由来している。このロゴを配した飛行船の熱烈なファンがアメリカには世代を超えて多数存在する。2014年には45年ぶりに新型飛行船が導入された

●ウィングフットマーク

採用年：1900年

問合せ：日本グッドイヤー株式会社／03-5572-7598

ダルマ家庭糸のダルマ印

マークだけを見せられるとキョトンとなるかもしれないが、商品を見れば誰もが「ああ、あれか!」と思うだろう。「ダルマ家庭糸」の商標である。製造は大阪の横田株式会社だが、東京でも昔から裁縫用の糸といえばダルマ印。祖母や母親の裁縫箱にも入っていたので、小さなころからなじみがある。自分で使ったのは小学校四年生のとき。家庭科の授業がはじまり、裁縫セットが配布された。花柄のレース模様がついたベージュ色のプラスチック製の箱で、なかに入っていた糸はやはりダルマ印だ。

横田の創業は一九〇一年。ダルマの商標は翌々年に採用された。それまではゾウのマークを使っていたが、英国の某メーカーが肖像権侵害を訴え、急遽、新たなマークを考案する必要に迫られたのだそうだ。そこで選ばれたのが、「七転び八起き」の象徴であるダルマのマークだった。長い歴史のなかでいろいろな種類のダルマ印がデザインされたが、現在使われているのは二七年登録のもの。六〇年代後半には、大阪万博のマークをデザインした大高猛氏によるモダンかつシンプルなダルマも登場した。

多彩なダルマ印が生まれたが、やはりこのマークが定番となった。赤ダルマがよく知られているが、白も存在する。同社では当初から最高級品にしかダルマ印をつけなかったため、優良品を示す信頼のマークとして受け入れられたようだ。左は「家庭糸」と「ダルマレース糸」「スーピマクロッシェ」

●ダルマ家庭糸のダルマ印（横田）

採用年：1903年

問合せ：横田株式会社／06-6251-2188

エンゼルマーク

森永製菓のＣＭといえば、最後に必ず登場した「見返りエンゼル」がかわいかった。「ピ・ポ・ピ・ポ！」の音とともに、ちょっと恥ずかしそうな表情のエンゼルがこちらを振り返るアニメーションだ。また、あの傑作ＣＭソング「エンゼルはいつでも」も印象的。「♪だあ〜れもいないとおもっていても〜」、どこかできっとエンゼルが君たちを見てるよ、という歌詞は、子ども心にちょっと神秘的に響いた。

森永が天使を商標にしたのは一九〇五年。当時、マシュマロやキャラメル、チョコレートなどの森永製の「西洋菓子」の評判が高まり、数々の類似品が横行していた。それらの類似品と森永製品の区別がひと目でつくように考案されたのが、当初は「天童印」と呼ばれたエンゼルマークだ。この時代の主力商品はマシュマロ。米国では「エンゼル・フード」と呼ばれている。また、創業者・森永太一郎氏は、敬虔（けいけん）なキリスト教徒でもあった。これらのことから、マークのモチーフとして天使が選ばれたのだそうだ。かつてのエンゼルがつかんでいたＴＭの文字は、森永氏のイニシャルである。

①

②

③

④

⑤

⑥

⑦

①初代1905年②2代目1915年③3代目1920年④4代目1927年⑤5代目1933年⑥おなじみの6代目1951年～86年⑦様変わりした現在のマーク。エンゼルのアニメや『エンゼルはいつでも』(詞：サトウハチロー、曲：芥川也寸志)は、近年のCMでもリニューアル版が使用された

●エンゼルマーク(森永製菓)

採用年：1905年

問合せ：森永製菓株式会社／0120-560-162

大礼服マーク

渋谷駅を出て宮益坂を青山学院大学のほうへ上っていくと、右手に東京仁丹ビルという建物があった。一九六三年竣工。仁丹は明治時代から巨大な広告塔「仁丹塔」で有名だが、渋谷の仁丹ビルはいわば高度成長期版「仁丹塔」だ。かつては特殊な照明装置でビル全体が虹色に光る趣向だったらしい。僕自身は光る仁丹ビルの記憶はないが、幼いころから目にしていた屋上の巨大な看板は印象的だ。描かれていたのは、もちろんあのヒゲのおじさん、「大礼服マーク」である。かつてのランドマークも今はない。渋谷近辺の思い出深い風景は、ちょっと見ないうちに様変わりしてしまう。

「大礼服マーク」の由来には諸説ある。当初は伊藤博文の長男・文吉であるとされ、また、創業者・森下博氏自身がモデルだとの説もあった。また、ドイツ帝国の初代宰相ビスマルクだともいわれている。が、架空の外交官を図案化したもの、というのが真相らしい。仁丹の効能を日本中に、さらには世界中に広めたいという想いを、大礼服とカイゼルヒゲの凛々(りり)しい「薬の外交官」の姿に重ねた、というわけだ。

1905年

1916年

1927年

1974年

森下仁丹 2013年〜

初代マークが完成されるまでには数百回に及ぶ改作と修正が行われた。「商標は一旦採用した以上、永遠に変更しないものでなくてはいけない」とは創業者・森下博氏のお言葉。この言葉どおり「大礼服マーク」は制定以来、ほとんど変わっていない。創業120年を迎えた2013年、カラー化され、若々しい印象になった

●大礼服マーク（森下仁丹）

採用年：1905年

問合せ：森下仁丹株式会社／06-6761-1131

亀の子マーク

発明好きだった亀の子束子西尾商店の創業者・西尾正左衛門氏が、靴ふきマットに使われていたシュロの棒を折り曲げて、洗浄用の道具として使うことを思いついたのが「亀の子束子」開発のきっかけ。使うのは主に女性だからと、妻の手を参考にしながら、もっとも使いやすい大きさや形にするために試行錯誤した。こうしてできあがったのは、現行の商品とほぼ同じモノ。西尾氏は、この苦心の末に完成した自信作を実用新案に登録しようと、さっそく特許庁へ向かおうとする。が、登録には呼び名、つまり商品名が必要なのである。これがなかなか決まらなかったのだそうだ。

ヒントをくれたのは彼の息子だった。「お父さん、見て!」と息子が指差すタライを見ると、カメがプカプカと水に浮いている。その形は、自分の発明品にソックリ。カメは長寿で縁起がよい。水にも縁がある。これこそ商品名にピッタリだ。「亀束子」という案も出たが、より親しみやすい「亀の子束子」に決定。以降一世紀、同じ形、同じ品質、同じ「亀の子マーク」で、日本のロングセラーを代表する商品となった。

たわしに「束子」という漢字をあてたのは、「亀の子束子」が最初。西尾氏が当時の漢学者に相談して決めたのだそうだ

●亀の子マーク（亀の子束子）

採用年：1907年

問合せ：株式会社亀の子束子西尾商店／03-3916-3231

ローマンミールのローマ兵

「ローマンミール」とは、パンやスナックバー、シリアルなどの全粒粉製品を手がける米国のブランド。目印はローマ軍の兵士をデザインした勇ましいロゴマークだ。日本でも八〇年代初頭から「ローマンミール」の食パンが登場し、現在も「麦のめぐみ」などの商品名で各社がライセンス販売を行っている。我が家では、国内販売開始と同時期に母親の意向で朝食に「ローマンミール」が導入された。パッケージ裏に「かつてローマ軍の兵は、全粒小麦を食べて強い体をつくりました」といった解説があったのを覚えている。それを読みながら食べているうちに、なにやら力がみなぎったような気がして、勇ましくヘタレ軟式テニス部の朝練に出かけたものだ。

昨今も玄米食などの全粒穀物栄養学が話題になるが、それを一〇〇年前に提唱したのがロバート・G・ジャクソン博士。同社は博士によって一九一三年に創業され、商標もこのときに定めた。二七年、現会長の父であるウイリアム・P・マテイ氏が買い取り、今では「アメリカで一番売れるノンホワイトブレッド」のブランドに育った。

80年代初頭

開業当初～現在

90年代初頭

ローマ兵が描かれたロゴは創業時からほとんど変わっていないが、日本では90年代まで上記のような複数のロゴが使用された。左は、国内で6社の製パン会社が販売するもっともポピュラーなローマンミールブランドの商品「麦のめぐみ」

●ローマンミールのローマ兵(ローマンミール)

採用年：1913年

問合せ：ローマンミールカンパニー／http://www.romanmeal.co.jp/

ゼブラマーク

動物のマークはなぜか子どもの関心を引く。幼少時、僕はサンスターのペンギンや丸石自転車のカンガルー、東ハトの帽子をかぶったハトなどが好きだった。こういう印象は大人になってからも残るもので、企業の名を子どもたち、つまり将来の顧客に印象づけるには有効だと思うのだが、残念ながら企業ロゴは年々シンプルに、抽象的になっていく。かのゼブラも、現在よく目にするのは「ZEBRA」という文字だけのロゴ。あの印象的なシマウマはもう使わないのかな、と思っていたが、さにあらず、今もゼブラの正式な商標は「ゼブラマーク」。一部の商品にも使用されている。

石川ペン先製作所がゼブラと社名変更するのは一九六三年。この半世紀も前に「ゼブラマーク」はロゴとして登録されていた。シマウマは常に群棲し、協力しあって外敵から生活を守る温和な動物だ。この習性を「文化を支える筆記具の供給のために社員が一致団結する」というイメージに重ね、シマウマをシンボルに選んだ。また、シマウマが後ろを振り返っている構図には、「温故知新」の意味合いが込められている。

①外円がなかった初代、②パームツリーやピラミッドなどの背景が描き込まれるようになった２代目、③我々世代が慣れ親しんだ３代目、④再び初代のマークに近づいた現行版。ゼブラは日本ではじめて国産鋼ペン先の製造に成功した会社だが、当初「ゼブラ」はペン先の商品名だった

●ゼブラマーク（ゼブラ）

採用年：1914年

問合せ：ゼブラ株式会社／
0120-555-335

二人子供

「宇津救命丸」を服用した記憶はさすがに残っていないが、赤ん坊時代の僕は常用していたそうだ。「♪あっかっちゃん、おねんねくうくう夢のなかぁ〜」というCMが流れていた小学生時代、効用を説明するナレーションを聞いて「『かんのむし』ってなに？」と母親にたずねたことを覚えている。「自分だってしょっちゅうなってたわよ、さんざん『宇津救命丸』を飲んだのよ」と笑われ、そう言われてみると、あの小さな銀の粒や薬草のような香りが記憶のどこかに残っているような気になった。

「宇津救命丸」は「金匱救命丸」の名で、すでに一六世紀には存在していた「秘薬」である。当初は大人が用いたが、明治時代中期、子どもたちが栄養失調で短命であったことから小児用の薬として使われるようになった。箱の絵柄「二人子供」もそのころに採用されたものらしく、「小児良薬」であることを明確にする意図があったようだ。僕はずっとあれを母子の絵だと思い込んでいたが、見てのとおり女の子と男の子。二人は姉弟で、姉は現社長の祖母をモデルにしたといわれている。

①

②

③

2008年になんと100年ぶりにリニューアルし、和装から洋装に(①)。写真下は我々世代が親しんだ旧パッケージ(②)と、貴重な初代(③)。ローマ字表記が「UTU」となっているが、創業者一族の宇津家は宇都宮家(宇都宮城の主)の家臣で、宇都という苗字を拝命していた。その後宇津と改名したが、本来の読み方は「うつ」。60年代なかば、CMなどで聞き取りづらいことから「うづ」となった

●二人子供(宇津救命丸)

採用年：1910年代前半

問合せ：宇津救命丸株式会社／03-3291-2661

ゴールインマーク

「ゴールインマーク」といってもピンとこない人が多いだろう。日本人なら誰でも知っている「グリコのマーク」の正式名称なのである。考案、原画は江崎グリコ創業者・江崎利一氏によるもの。氏は当時、毎日のように神社の境内で、自分の会社の商標をどうすべきか思案していたという。そんなある日、目にとまったのが、かけっこをしていた近所の子どもたち。一番になった子が両手を上げてゴールインする姿を見て、「これだっ!」と思ったのだそうだ。さっそく原画を描き、それまでに出ていた花や動物の案と一緒に近くの小学校に持っていく。子どもたちにすべての案を見せたところ、案の定、「ゴールインマーク」が大人気。これが採用の決め手となった。

諸説あるが、走者の顔に特定のモデルは存在しない。一九二三年ごろ、「あの顔、なんか超怖くない?」「うんうん、マジ怖い」みたいな女学生たちの会話をたまたま江崎氏が聞いてしまい、にこやかな表情に描きなおされた経緯もあったのだとか。女子高生の意見が企業を動かす、みたいなことが大正時代にも起こっていたのである。

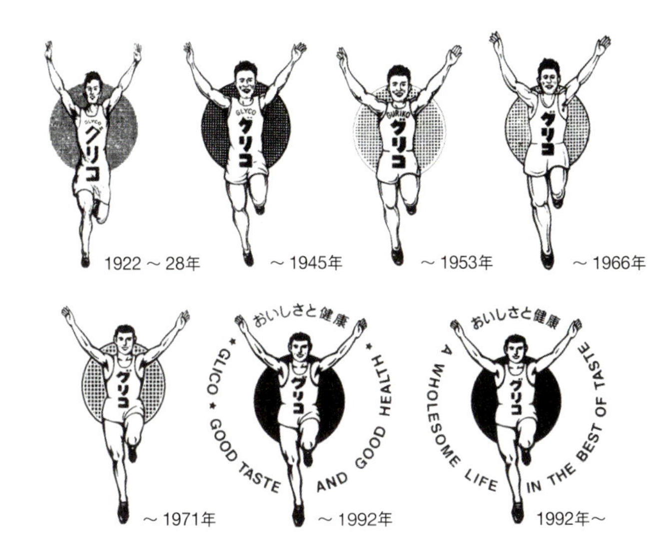

グリコは創業時から「健康」をテーマにしていた。健康のシンボルのようなマークと同時に生まれたのが、「ひとつぶ300メートル」の名惹句。実際、「グリコ」1粒にはそれだけのカロリーが含まれているのだそうだ。左の写真は現在の「グリコ」

●ゴールインマーク(グリコ)

採用年：1922年
問合せ：江崎グリコ株式会社／0120-917-111

虎印

タイガー魔法瓶のロゴが一新されたのは一九八三年。今ではすっかり目になじんだマークになった。が、我々世代の目に焼きついているのは、『タイガーマスク』を連想させる精悍で野性味のあるトラの顔。やけに克明に記憶されているのはなぜだろう、と記憶を探っているうちに、思い出したのが『8時だヨ!全員集合』。スポンサーがタイガーで、毎回、オープニング画面に旧ロゴが大写しになっていた。

大正時代、魔法瓶は壊れやすいモノの代表とされていたそうだ。現在のタイガー魔法瓶の前身・菊池製作所は自社開発の魔法瓶を売り出すにあたって、「強さ」をアピールする必要があった。そこで選ばれたのが「大地の王者」とされるトラ。まさに猛虎といったリアルなトラの顔を商標として、「虎印魔法瓶」を発売する。それから六〇年、時代は変わって、魔法瓶はことさら「強さ」を強調する必要のないものとなった。むしろ、猛々しいトラの顔は主要客である主婦たちに敬遠される。そこで取り入れられたのが、ソフトでシンプル、ちょっとカワイイ感じになったマークなのだ。

①1923年に出願された最初のマーク、②翌年出願の「月虎印」、③よりリアルになった1960年版、④シンプルになった1969年版、⑤我々世代にはおなじみの1976年版。社名のレタリングも非常に印象的、⑥1983年、やさしげでかわいい表情になった。⑦2014年に改訂された新マーク

●虎印（タイガー魔法瓶）

採用年：1923年

問合せ：タイガー魔法瓶株式会社／0570-011101

象印

現在では「ポット」「電気ポット」の呼称が一般的で、「魔法瓶」という言葉はあまり使われなくなった。が、「魔法の瓶」とは考えてみればなんともロマンチックな言葉で、これが発明された明治時代の人々の驚きが時代を超えて伝わってくる。その「魔法瓶」を、「押すだけ」「みェ〜るポット」などの数々のヒット商品で進化させてきたのが、かの象印マホービン。その昔、我が家にあったいかにも「魔法瓶」らしい「魔法瓶」、つまり、手で注ぐタイプで、胴体は花柄、ペリカンのクチバシみたいな金属製の注ぎ口がついている「魔法瓶」にも、しっかりゾウのマークが入っていた。

象印マホービンがゾウのマークを採用したのは、一九二三年のこと。家族愛が強く、子どもたちから愛され、長寿な動物としてゾウが選ばれた。長い歴史のなかで人々の暮らしにすっかり定着したゾウのマークだが、八六年、CI導入によって同社ロゴから消えてしまう。が、二〇〇三年、象印らしさを再びアピールしようという方針のもとに復活。現在は同社のカタログや名刺、一部商品で目にすることができる。

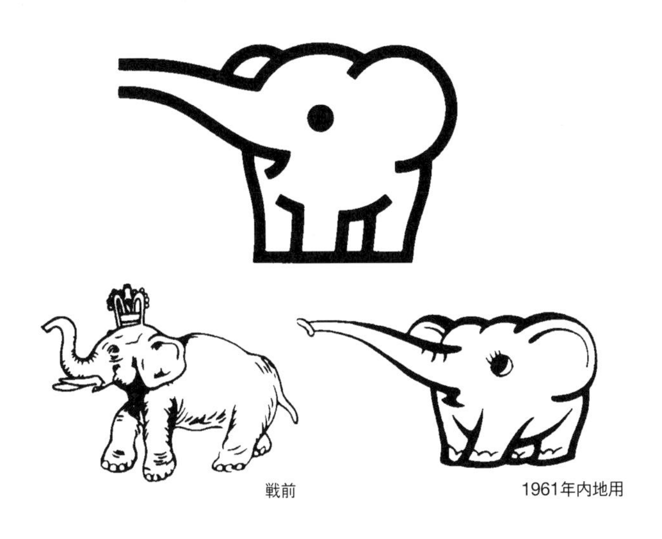

戦前　1961年内地用

上記一番上が現在使われているマーク。時代とともに徐々にシンプルなデザインが取り入れられた。かつて魔法瓶は東南アジアなどへの輸出が多く、商標にも貿易用・内地用の区別があったそうだ。「輸出先の東南アジアで神聖視される動物」ということも、ゾウがマークに選ばれた理由のひとつだ

●象印（象印マホービン）

採用年：1923年

問合せ：象印マホービン株式会社／06-6356-2329

トンボ印

一九九五年以来、トンボ鉛筆のロゴからは我々世代が親しんだ「トンボ印」が消え、非常にシンプルなものになっていた。が、創立一〇〇周年にあたる二〇一三年にロゴマークを一新。トンボをモチーフにしたマークが新デザインで復活した。

同社が「トンボ印」を鉛筆のブランドの商標としたのは一九二七年。「これからの時代は宣伝が重要になる」と文具商から助言を受け、社内で三つの図案が検討された。ひとつはトンボ、もうひとつは三角屋根の工場の絵柄、そして橋のマークだった。結局、「やんま」が頭を下に向けた絵柄に決定。「頭を垂れる」という商いの姿勢が表現されている。このときに英語の社名表記も決定され、ローマ字表記の「ＴＯＭＢＯ」では「ＴＯＭＢ」(墓)を連想させるとして、最後に「Ｗ」の文字を加えた。

新トンボマークは上向きとなり、羽のデザインは「∞」。「無限の成長」への想いが表現されている。ただ、日本のロングセラーを代表する同社の鉛筆「８９００」のおなじみの箱に描かれる旧「トンボ印」は変更なし。オールドファンにはうれしい限りだ。

現行

トンボ鉛筆

初代　1927～57年

Tombow

1957～95年

1995～2012年

初期「トンボ印」が描かれた「8900」のダース箱。1948年からほとんど変わらぬデザインで販売されている。トンボの古名は「秋津（あきづ／あきつ）」で、秋津島は大和国＝日本を示す。つまり、「トンボ印」には「日本国」という意味もあるのだそうだ

●トンボ印（トンボ鉛筆）

採用年：1927年

問合せ：株式会社トンボ鉛筆／0120-834198

勉強マーク

「勉強マーク」という名称をはじめて知る人も多いだろうが、マークそのものを知らない人はいないだろう。小学館の学習雑誌や図鑑などで見慣れたあのマークだ。小学館の学習雑誌といえば『小学○年生』。僕の時代はとてつもない量の付録が魅力だった。「ウルトラ怪獣事典」「ロボコン大百科」「ドラえもんマンガ入門」などの別冊や、厚紙でつくる工作セットなどでパンパンにふくれあがった雑誌が、ヒモで十文字に縛られて本屋さんに並べられていた。『てれびくん』なんてのもよく買ったなぁ。

小学館が学年別学習雑誌を創刊したのは一九二二年の創業時。すぐに他社も類似の雑誌を創刊し、猛追撃がはじまった。で、ひと目で他誌と区別がつくインパクトのあるマークを、と考案されたのが、男の子と女の子がテーブルに向かって勉強している「勉強マーク」だ。発案者は創業者・相賀武夫氏である。ときおり話題になるのが、勉強机の下の不思議な物体。一時期、あれは足を温める暖房器具である、というウワサが広まったそうだが、同社によれば「単なるテーブルの脚」なのだそうだ。

2001年〜

1927年

1948年

上記が90年にわたる「勉強マーク」の変遷。子どもたちの体格や姿勢が時代とともによくなっていくのがわかる。ちなみに、「勉強マーク」は小学館の社章ではなく、学習雑誌や教育関連書籍のマーク。同社に正式な社章はないが、社員章などには左の「ひよこマーク」が使われている

●勉強マーク（小学館の学習雑誌）

採用年：1927年

問合せ：株式会社小学館／電話番号非掲載

牛マーク

「牛乳石鹸」の目印はもちろん「牛マーク」。これは石けんにミルク成分（牛脂）が含まれているから、ということよりも、販売元の牛乳石鹸共進社の経営理念を表すものとして採用された。ねばり強い堅実な経営を意味する「商いは牛の歩みのごとし」という格言に根ざしているのだそうだ。同社がそれを実践しつづけているのはご存じのとおりで、発売当初から変わらぬ「赤箱」「青箱」は現在も定番商品となっている。

同社はCMの分野でもパイオニア的存在。民間ラジオ放送開局とともに数々の名物番組を提供、『歌謡五〇年史』などの高視聴率番組で「モーといえば『牛乳石鹸』」をPRした。テレビの世界でも、『歌う千一夜』『蝶々雄二のシャボン玉劇場』『モウモウ湯繁盛記』『小さな目』『シャボン玉寄席』などの人気番組を生み出す。そして一九六一年、ひとまわり上の世代の方々には伝説的番組とされる『シャボン玉ホリデー』がスタート。日曜夕食時の定番プログラムとして大人気となり、冒頭の「モ〜」という牛の声とともに「牛乳石鹸」のイメージを広く全国に定着させた。

1928年〜

1968年〜

1974年〜

1986年〜

現行

初期の「牛マーク」は表情や体のシワなど、かなりリアル。タラ〜ッと流れるミルクのイラストも印象的だ。徐々にシンプルなイラストに改変されていく。最初に発売された「赤箱」の色は、縁起のよさや赤い箱から白い石けんが出てくる視覚的なおもしろさをねらって決定されたのだそうだ

●牛マーク(牛乳石鹸)

採用年：1928年

問合せ：牛乳石鹸共進社株式会社／06-6939-2080

馬のマーク

大学を卒業すると、書店の参考書売り場に足を踏み入れる機会はめっきり減る。我々のころとはすっかり様変わりしているだろう……と思っていたが、実はそうでもない。培ってきた歴史と信頼が重視されるのが参考書市場。かつての定番は今もしっかりと定番で、時代を超えて学生たちに継承されるのである。その代表が増進堂・受験研究社の『自由自在』。我々世代が小学生だったころからの定番中の定番だ。「♪ウマ〜のマ〜クのさ〜んこ〜しょ」のCMソングが今も耳に残っている人は多いはず。

増進堂の創業は、教育勅語が出された一八九〇年。創業者・岡本増次郎氏が自分の名から一字をとって社名とした。当初は教養・趣味の本、講談本などを出版していたそうだ。一九二四年になって参考書を手がけはじめ、受験研究社の併用商号を用いるようになった。その後、しばらくして登場したのが「馬のマーク」。五三年、『小学上級用算数自由自在』を第一弾に『自由自在』シリーズが登場。親子孫三代が使うほどのロングセラーとなった。現在までに累計発行部数は二四〇〇万を超えるという。

現行マーク

初期のマーク

増進堂・受験研究社

「馬のマーク」は厳密には「騎士のマーク」である。中世の騎士が主君に忠実であったように、すべてにおいて読者に忠実であることを示す。左の写真は現在の『自由自在』シリーズ

●馬のマーク（増進堂・受験研究社）

採用年：1920年代後半
問合せ：株式会社増進堂・受験研究社／06-6532-1581

ビスコ坊や

グリコの看板商品といえば、ロングセラーお菓子の教科書的存在であるおもちゃ入り「グリコ」。だが、我々世代が幼少期にもっともよく口にしたグリコの商品は、今はなき「スポロガム」ではないだろうか？　男の子用と女の子用に分けられていたオマケも魅力だが、ガム自体に飛行機や車の形の切り取り線が刻印され、型抜き遊びができるという商品だった。僕は縁日の型抜きとは無縁で、ときおり上の世代から「レトロ本を書いてるのに型抜きを知らないの？」などと言われたりする。そういうときは「『スポロ』なら一〇〇枚抜いたゾッ！」と心のなかで叫ぶことにしている。

「グリコ」と並ぶ代表的長寿商品が、ご存じ「ビスコ」。グリコーゲンの入った「グリコ」（一九二二年）に続く栄養菓子で、胃腸を活性化する酵母入りのビスケットだ。発売以来、パッケージを飾るのは「ビスコ坊や」。デザイン・広告の研究を熱心に行っていた創業者・江崎利一氏の案によるもので、お菓子をほおばって頬をふくらませている子どもを描いたドイツ製のポスターがヒントになっているのだそうだ。

初代1933年〜

2代目1951年〜

3代目1956年〜

4代目1982年〜

5代目2005年〜

3代目までは、頬のふくらみを強調したマンガ的デザイン。かつ、どこかしら外国人の子どものような雰囲気。4代目からは写実的なイラストが採用され、いかにも子どもらしい笑顔になった。ちなみに「ビスコ」という商品名は、「酵母ビスケット」の略称「コービス」を逆さにしたものだ

●ビスコ坊や（ビスコ）

採用年：1933年

問合せ：江崎グリコ株式会社／0120-917-111

カネヨクレンザーの奥さん

ご存じ「カネヨクレンザー」の目印は、モダンな洋装に身を包んだ外国人風(?)の奥さんだ。実はこの奥さん、発売当初のパッケージでは和服を着ていたらしい……ということは、「生活雑貨編」の解説でも書いたし、多くのレトロ本に掲載されるネタである。が、僕自身、肝心の和装奥さん画像を眼にしたことがなかった。もしや都市伝説みたいなものなのか?とも思っていたが、今回、カネヨの広報さんから左ページの貴重な写真を提供していただいた。特許庁に当時提出されたパッケージ現物のコピーなのでかなり粗い画像だが、確かに着物にかっぽう着姿の奥さんが描かれている。しかも洋装奥さんとは顔立ちもだいぶ違って、清楚な和風美人といった感じ。

この初の国産クレンザーは今でこそ一箱九七円の安価で売られるが、一般的な家庭用洗剤の磨き砂が三銭だった発売当時、一〇銭もする高級洗剤だった。当初は営業に苦慮したが、戦後、その高級感が魅力となって一気に普及。現在も関東圏で六〇%のシェアを誇る。母から子、そして孫へと引き継がれる真のロングセラー商品である。

左は発売当初のパッケージ。デザイン決定までの経緯などは不明。現行品にはない「艶出磨粉」の文字があるのは、当時、「クレンザー」という目新しい言葉が一般の人には通用しなかったからだろう

●カネヨクレンザーの奥さん（カネヨクレンザー）

採用年：1934年

問合せ：カネヨ石鹸株式会社／048-573-7851

ミス・チキータ™

房から一本のバナナをもぎ取るとき、大人であれば大きさや熟し具合を考慮して選ぶだろう。が、子どもは違う。まっさきに選ぶのは「ラベルの貼ってあるヤツ」。小学生時代の遠足時、お弁当のデザートとしてバナナを持たされることが多かった。お弁当袋を開けて取り出したバナナにたまたまラベルが貼ってあったりすると、なぜか「よし！」という気分になってしまう。なにがどう「よし！」なのかは説明不能だが、ラベルを丁寧にはがし、しばらく自分の手の甲に貼って眺めたりしたものだ。

もっともよく目にしたのはブルーラベル。世界初のバナナブランド、チキータ™だ。あの小さなラベルに描かれていた「バナナ人間」が「ミス・チキータ™」。我々世代はそのユーモラスな姿に長らく親しんできたが、一九八六年、彼女は突如、トロピカル・ビューティーそのものといった感じの南国少女に変身。ラベルのイメージが遠目には変わらないので、この華麗な変身に気づかなかった人も多いはず。その後、３Ｄフルカラー化されたりしたが、二〇一一年にシンプルな描画に戻された。

1947年

1961年

1963年

1986年

2007年

2011年〜

「チキータ」はスペイン語で「かわいい娘」。1944年にCMのアニメーションでデビューし、一躍人気キャラとなる。バナナラベルはチキータTM以前にも存在していたそうだが、現在のような形で定着させたのは同社が最初。独創的な記念ラベルも多いため、世界中に多くのコレクターが存在する

●ミス・チキータTM(チキータTMバナナ)

採用年：1944年

問合せ：株式会社ユニフルーティー ジャパン／03-3201-8770

マーシャン

小学生のころ、いつも家で使っているフォークの柄の裏側にふと目をやって、「え?」と驚いた。奇妙な生物の姿が小さく刻印されている。何年も使っていて、それまではまったく気づかなかった。その後、知人宅で食事をしたり、どこかで外食をするたびに食器の裏を確認するようになったが、かなりの高確率であの奇妙な生物と遭遇する。「みんなは気づいているのだろうか?」ということがずーっと気になっていたのだが、なぜか誰ともこのことを語り合うことなく大人になってしまった。

彼の名は「マーシャン」。火星人の赤ん坊だ。鉄鋼から洋食器まで、各種金属製品を手がける佐藤商事の商標である。なんともユニークな姿は、「一度見たら忘れられないマークを」と考案された。赤ん坊という設定は、会社を今後成長していく新生児に見立てたもの。「マーシャン」は同社のマーシャンブランドの食器類で見られるが、さすが今年で創業八六年を迎える老舗、多数のホテルやレストランなどで利用されているほか、一般家庭にも広く浸透している。どうりであちこちで見かけたわけだ。

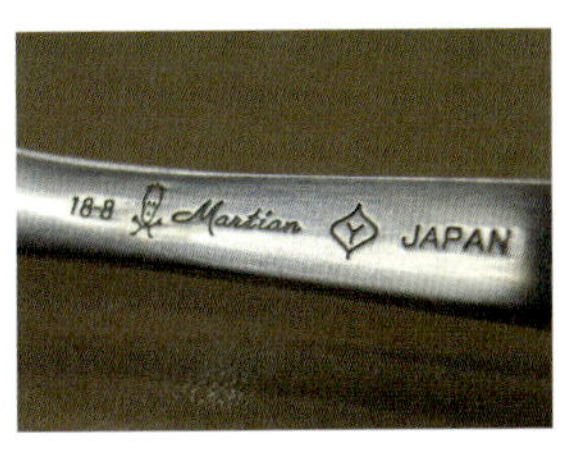

年齢は0歳。生まれたばかりの赤ん坊の火星人だ。太い足は安定を表し、工具のやっとこを模している。2本の手はスパナ。5本の髪の毛は5大陸を表し、世界の動きを敏感にキャッチ。上記写真右は一時期製造されていた「マーシャン」人形（現在は販売終了）

●マーシャン（マーシャンブランドの洋食器）

採用年：1946年

問合せ：佐藤商事株式会社／03-5218-5311

オリエンタル坊や

近年の昭和レトロ商品再評価ブームの立役者的存在である。現在の東京では、どこのレトロ系ショップでも「オリエンタルカレー」、ならびに数々の「オリエンタル坊や」グッズは必須の商品になっているが、逆に言えば、その種の店に足を運ばなければなかなかお目にかかれない。が、僕の幼少期、オリエンタル社のカレーやジュースは、かなりポピュラーな商品だった。商店街のお肉屋さんなどには必ず「即席カレー」「マースカレー」が売られていたし、「グァバ」の自販機はどこの町内にもあったと思う。噂に聞く宣伝カー（手品や腹話術を見せながらカレーを販売したらしい）の記憶はないが、キャンペーン時に配布されるとんがり帽子をかぶった「オリエンタル坊や」風船は、町内の子どもの誰もが一度は手にしているはずである。

愛らしく、ちょっと不思議な印象も与える「オリエンタル坊や」のデザインは、創業者の星野益一郎氏が、その息子さん（現社長）とインド人のコックさんのイメージをミックスさせたもの、とされている。基本的なデザインは創業時のころのままだ。

定番グッズのオリジナルスプーン。80年代まで販促品として配布され、かつてはどこの家にもあったはず。現在も復刻版が売られている

●オリエンタル坊や(オリエンタルカレー)

採用年：1948年ごろ

問合せ：株式会社オリエンタル／0587-36-1515

メリーちゃんマーク

メリーチョコレート創業の地だったせいか、僕が育った渋谷区では同社の缶入りアソートはお遣いものの定番だった。エレガントな花柄、シックなチェック柄の缶を開くと、色とりどりに包装されたさまざまな形のチョコやキャンディーが詰まっている。全体がキラキラしていてゴージャス感があり、手みやげには最適だったのだと思う。あちこちから定期的にもらうために、大量の空き缶はさまざまな用途に転用された。凝ったデザインの缶なので母も捨てる気にはならなかったのだろう、お勝手などはメリーチョコレートの缶だらけになっていた。僕のスーパーカー消しゴムの保存箱にも、同社のシンボル「メリーちゃんマーク」がついていたことを覚えている。

誕生時からずっとシルエットのみで表現されてきた「メリーちゃん」だが、特にモデルと呼べるような女性がいたわけではない。創業当時の日本人にとって、もっとも米国女性をイメージしやすい名前、ということで「メリー」の名が選ばれたのだそうだ。近年、同社ではこのマークを「ドリーミングガール」と呼んでいるようだ。

1981年～

メリーチョコレートカムパニー

1948年ごろ～

MARY CHOCOLATE CO.

1955年～

1963年～

1967年～

1970年～

1975年～

無心・無欲・一途に良品を製造しつづけていきたい、という創業時の願いを、無邪気で天真爛漫、そして素直な女児をシンボルとすることで表したのだそうだ。ちなみに「女性が男性にチョコを贈る」という日本独自のバレンタインデーのスタイルは、1958年、同社によって確立されたとされる

●メリーちゃんマーク（メリーチョコレート）

採用年：1949年

問合せ：株式会社メリーチョコレートカムパニー／03-3763-5111

コーワのカエル（ケロちゃん コロちゃん）

昭和の時代、薬局は子どもにとって魅力的なお店だった。店前にはカラフルな各種店頭人形が置かれ、一〇円玉で動く楽しげなムーバー（電動遊具）も用意されている。また、親と一緒に来店した小さな子どもには、たいていマスコット人形や指人形、風船、シールなど、製薬メーカーのロゴが入ったおもちゃをオマケにくれた。こうした「楽しげな昭和の薬局」の象徴だったのが、ご存じ「コーワのカエル」である。

「コーワのカエル」の誕生は一九四九年。「レスタミンコーワ」という薬の箱に描かれたイラストが最初で、後に風邪薬「コルゲンコーワ」のキャラとして定着した。おなじみの指人形が登場したのが五八年。円錐形の体を持った三色（グリーン、ブルー、ピンク）の初期指人形は、僕ら世代が幼少期に親しんだモデルだ。六三年には首振りタイプの店頭人形が登場。その人形が登場するユニークなテレビCMも話題となり、子どもたちに人気を博す。それまでは特に名前はなく単に「カエル」だったが、七七年、現在も活躍中の「ケロちゃん&コロちゃん」のペアが初お目見えした。

①

②

③

①2代目指人形(1977年)。それまでの「コーワのカエル」から「ケロちゃん&コロちゃん」の愛称を持つペアへ。②立ち姿から座り姿に変更された2代目店頭人形(78年)③史上初、2匹が並んだ形でデザインされた現行店頭人形(2008年〜)

●コーワのカエル(ケロちゃん コロちゃん)

採用年：1949年

問合せ：興和株式会社／http://kr2.kowa.co.jp

ペコちゃん

「ミルキー千歳飴」で七五三を迎えた我々世代は、とにかくものごころがついたときからずっと「ペコちゃんといっしょ」状態だった。単なる「キャラ」などではなく、「子ども時代の心象風景の一部」のような存在だ。特に、僕が育った恵比寿の町には不二家のお店がなく、「ペコちゃん」人形を目にする機会は、「よそ行き」を着せられて家族で銀座に「お出かけ」したときだけ。幼児期の僕にとって、「ペコちゃん」は当時の銀座という特別な町を象徴する女の子だったのである。

「ペコちゃん」の誕生は一九五〇年。銀座店の店頭人形として登場し、翌年、同店で発売された「ミルキー」の箱を飾る。さらに翌年、「ミルキー」が全国発売されて「ペコちゃん」も全国デビューを果たした。東北地方でウシを意味する「べこ」から命名。五八年の公募で決定された年齢は「永遠の六歳」だ。店頭人形第一号は紙製の張り子だったが、毎日のように子どもたちが頭をポンポンしにくるため、すぐに壊れてしまう。そこで、数年後からプラスチック製などの首ふり人形に変更された。

①は初期「ミルキー」の「ペコ」。目の部分が立体になっていて、黒目が動くしかけがあった。90年代は②のスカート姿が基本スタイルだったが、2007年のリニューアルで往年の赤いオーバーオール姿が復活(③)。④は1958年登場の「ポコちゃん」。⑤は2人のおともだち「ドッグ」(名前はない)

●ペコちゃん(不二家)

採用年:1950年
問合せ:株式会社不二家/0120-047228

リトルナース

小学校の低学年くらいまで、アレルギー性鼻炎に悩まされていた。プールに入った日の夜など、鼻が詰まってなかなか眠れない。そんなときに、母親が「メンソレータム」をスッと鼻筋に塗ってくれる。そういう習慣がずっと続いていたので、子ども時代の僕は「メンソレータム」を「鼻炎の薬」だと信じていた。効能書きには「鼻づまりに効く」などとはどこにも書いていないので、あくまで我流の用法なのだろう。が、あの特有の香りをかいでいるうちに、不思議と呼吸が楽になった記憶がある。
「メンソレータム」が米国で誕生したのは一八九四年。日本で販売されるようになったのは一九二〇年のことだが、シンボルマークの「リトルナース」が採用されたのは一九五一年ごろ。三〇年代に活躍したハリウッドの子役スター、シャーリー・テンプルちゃんをモチーフに、日本のグラフィックデザインの先駆者、今竹七郎氏が描いたといわれている。「家庭の常備薬」を強く印象づけるデザインはすぐに浸透したようで、当時は多くのメーカーが軟膏の缶にナース印を採用。無数の類似品が横行した。

現在は「メンソレータム」ブランドのすべての商品パッケージのシンボルとなっているが、やはり「リトルナース」といえば、この昔ながらの軟膏の缶。1980年には人形アニメ化された彼女が「わたし、『メンソレータム』のナースちゃん！」とパッケージから飛びだすテレビCMも放映されていた

●リトルナース（メンソレータム）

採用年：1951年

問合せ：ロート製薬株式会社／06-6758-1230

てっちゃん

「♪てっちゃん、てっちゃん、かねてっちゃん」という歌は子どものころから耳になじんだカネテツデリカフーズのCMソングだが、僕が同社のキャラクター「てっちゃん」を意識するようになったのは八〇年代初頭。まだどこかミニコミ誌的な香りがうっすらと残っていた時代の『ぴあ』に、中島らも氏のマンガ広告『微笑家族（啓蒙かまぼこ新聞）』が掲載されはじめてからだ。「てっちゃん」と彼のお父さんとの間で交わされる珍妙なやりとりを描く一種実験的な広告で、毎回楽しみにしていた。

古典的キャラをサブカルチャー的にリメイクしたらも版「てっちゃん」は斬新だったが、そもそも「てっちゃん」は一九五一年の登場時から斬新な存在だったようだ。かまぼこ類は日本古来の伝統食。当時の広告図案も伝統を強調し、特に歌舞伎調のものを用いるのが常道だったという。かまぼこと子どものキャラとの取り合わせは意表をつくものだった。ヒントになったのは、当時流行していた「♪かわいいかわいい魚屋さん」の歌。顔は先代社長の子ども時代をモデルにしているのだそうだ。

①

②

③

最初は看板広告のキャラクターとして登場。誕生の年に神奈川県野立看板競技大会で入賞し、以後、新聞広告などでも活躍。テレビCMは1959年にスタートした。上図①は現在の「てっちゃん」&彼のお父さん。②③は往年の広告。左は「てっちゃん」マーク入りの同社ロングセラー商品「野菜フライ」

●てっちゃん（カネテツデリカフーズ）

採用年：1951年

問合せ：カネテツデリカフーズ株式会社／0120-227-379

アポロマーク

僕が育った恵比寿の町は、どういうわけかガソリンスタンドが多かった。自宅の真向かいがガソリンスタンド、さらに徒歩で数分の圏内に四軒ほどのスタンドがあったと思う。そういうところで育ったせいか、子ども時代はガソリンスタンドのマークに異様なほどの興味を抱いていた。老舗石油会社のマークは、貝とか羽の生えた馬とか、子どもにも印象的な図案が多い。それらのマークと名称を記憶して悦に入っていたが、なかでも一番のお気に入りが出光のアポロマーク。家族でのドライブ中、各地のアポロマークを見つけるたびに「あ、アポロだ、アポロだ！」と騒いでいた。

アポロマークのもとになったのは、当時の社長が銀座で目にした「三共ヨウモトニック」（養毛剤）の看板なのだそうだ。そこに描かれていたのは、長い髪をなびかせた人の横顔。「スピード感がある」と気に入った社長は、発売元の了解を取り、社員数人とより現代的なマークにアレンジしていった。これにギリシャ神話の太陽神アポロンのイメージを重ね、今も昔も町に映える斬新なマークが誕生したのだ。

初代マーク(左)と、2006年登場の現行マーク(右)。当時、法律で装備が義務化された自動車の方向指示器の多くが、「アポロ」の名で売り出された(今もウインカーをアポロと呼ぶオジサンが存在する)。出光にとっては、これがブランド名を普及させるいい宣伝になったそうだ

●アポロマーク(出光石油)

採用年:1952年

問合せ:出光興産株式会社/03-3213-3115

ホモちゃん

今では「森永牛乳プリン」のキャラクターとして現代っ子たちにもおなじみの「ホモちゃん」。もともとは「森永ホモ牛乳」のトレードマークだった。モチーフになっているのは太陽。日光浴によってつくられるビタミンDはミルクに含まれるカルシウムの吸収を促すことから、お日さまマークがデザインに採用された。また、名前は「ホモジナイズド」という牛乳の製造工程に由来。「均質化」「同質化」の意味で、牛乳がドロッとしたクリーム状の部分と水っぽい部分に分離しないようにする技術だ。

幼少期の僕にとって、「ホモちゃん」はちょっとした憧れだった。家のすぐ裏に明治乳業の代理店があったので、我が家の宅配牛乳は明治。給食の牛乳も明治だった。当時、明治の牛乳ビンや宅配牛乳箱についているマークは、旭日旗の中央に「乳」の字をあしらったもので、子どもにはちょっとイカメシイ感じ。近所の家の玄関先で「ホモちゃん」牛乳箱（黄色い木箱に赤いペンキでホモちゃんが描いてある）を見るたびに、「かわいいなぁ、うらやましいなぁ」と思っていたことを覚えている。

現在の「ホモちゃん」は、泣き顔や怒り顔、そばかす顔など全24種。そういえば、紙パックがビンを完全に駆逐する以前は、ホームサイズと呼ばれる大きなビン入り牛乳が売られていた。「森永ホモ牛乳」にもホームサイズがあって、「ホモちゃん」が印刷された巨大なビンが流通していた

●ホモちゃん(牛乳プリン)

採用年：1952年

問合せ：森永乳業株式会社／0120-369-744

ピョンちゃん

小学校時代、通学路に大きな薬局があって、切り株にまたがった赤いウサギの電動遊具が設置されていた。一〇円玉を入れるとユラユラと動く機械で、業界ではムーバーと呼ぶらしい。僕自身は乗ったことがないが、下校時など、小さな子が遊具にゆられ、そのわきでお母さんが手持ちぶさたに突っ立っている光景をよく見かけた。

あの赤いウサギがエスエス製薬の「ピョンちゃん」。「因幡（いなば）の白ウサギ」がモチーフだ。大国主命（おおくにぬしのみこと）が蒲の穂綿を使って因幡の白ウサギを治療する『古事記』の記述が、日本史に初めて医薬品が登場するエピソードだとの説にちなんでいる。店頭の「招きウサギ」、景品用「首ふりウサギ」、マスコットとして配布する「こけしウサギ」として登場。当時は名前がなく、一九六二年、卯年の公募キャンペーンで命名された。

交通をさまたげるとのことで、あの「ピョンちゃん」ムーバーは八〇年代に製造終了。が、僕が住む町の薬局には、ボロボロになったムーバーが現存していて、今もときおり「ゆられる子どもと手持ちぶさたのお母さん」を見かけることができる。

2代目までは「因幡の白ウサギ」にちなんで白かった。3代目で赤くなり、我々世代におなじみのデザインとなったのは4代目から。赤ウサギの時代が30年以上続いたが、平成生まれの9代目からピンクとイエローの2バージョンの「ピョンちゃん」が活躍している。店頭の大型人形は僕ら世代にはおなじみだが、やはり交通の障害になるとの理由でムーバーと同時期に製造中止。現在は小型の人形が店内に配置されるようになった

●ピョンちゃん(エスエス製薬)

採用年：1952年　問合せ：エスエス製薬株式会社／03-3668-4511

トニー・ザ・タイガー

七〇年代までの「ケロッグ」のオマケは、体がさまざまな大工道具になっている鳥類のフィギュア「トントン鳥」とか、動物の顔がついた鍵「ペットキー」とか、ユニークというか、エキセントリックというか、とにかく「変なモノ」のオンパレードだった。当時のオマケはオーストラリア製だったそうで、年端のいかぬ子どもにも「異文化」を強烈に感じさせるような不思議な魅力にあふれていたのである。なかでも好きだったのが「トーテムポール」。「目の神様」「鼻の神様」「耳の神様」など、不気味かつ間抜けな顔の「神様」がひと箱にひとつ入っていて、連結させて遊ぶ。全八種だかの「神様」を集めるため、毎朝せっせとシリアルを食べてから学校へ行った。

そのころ、「ケロッグ」の主力商品は「コーンフレーク」と「コーンフロスト」。「トニー・ザ・タイガー」は、その「コーンフロスト」（現在は「コーンフロスティ」）のキャラだ。日本デビューは一九六三年。かつては丸顔で名前も「とらチャン」だったが、八〇年代に現在のような少々マッチョな「トニー」にリニューアルされた。

左は1970年のパッケージ。この時期の「トニー」は子トラといった感じで、絵柄もソフト。我々世代にはなじみ深いデザインだ。赤いスカーフには日本向けに命名された「とらチャン」の文字が入っている。84年から顔が面長になり、その後はよりパワフルなイメージが強調された

●トニー・ザ・タイガー(ケロッグ コーンフロスティ)
採用年：1952年
問合せ：日本ケロッグ株式会社／0120-500209

チー坊

子ども時代はヨーグルト特有の酸味がちょっと苦手だった。小学校に入ってから『チチヤスヨーグルト』だけは酸っぱくない」ということを発見し、それ以来、家で食べるヨーグルトはいつもチチヤス。いやな酸味がなく、それでいて甘すぎず、ちゃんとミルクの深い味わいがある。給食で出される某社のビン入りヨーグルトを先割れスプーンで食べるたびに（ビンが小さくてスプーンがデカいので、やたらと食べにくかった記憶がある）、「給食もチチヤスにすればいいのになぁ」と思っていた。

その「チチヤスヨーグルト」がビン入りだった時代に商品を飾っていたのが、なんとも愛くるしい初代「チー坊」。僕ら世代はリアルタイムに接していないが、二〇〇二年に復刻されて若い人たちの間でも話題になったキャラだ。半世紀にわたって、現在までに五人の「チー坊」が誕生している。円筒形のプラスチック容器で「チチヤスヨーグルト」を食べた我々世代は、スプーンを口もとに運んでほほえんでいた女性キャラの印象のほうが強いはず。あれが「チー坊」のお母さん、「チーママ」である。

「チー坊」／①初代1953〜65年ごろ、02年〜現在、②2代目55〜80年ごろ、③3代目65〜75年ごろ、④4代目73年〜、⑤5代目98年〜。
「チーママ」／⑥初代73〜2000年ごろ、⑦2代目85〜91年ごろ、⑧3代目91〜96年ごろ。初代〜3代目「チー坊」と初代「チーママ」は、創業者野村一族の野村鸞さんの発案で誕生したキャラだ

●チー坊（チチヤスヨーグルト）

採用年：1953年

問合せ：チチヤス株式会社／0120-677-066

ひょうちゃん

幼少期、母親が渋谷に買い物に行くと、よく「東横のれん街」で崎陽軒のシウマイを買ってきた。シュウマイ、いやシウマイは崎陽軒が一番おいしい、という確信はこのころから変わらない。上位商品の「特製」などではなく、基本形の赤い箱、あれを温めなおしたりせずに、付属の楊枝で箱から直接食べる。これが個人的には「理想のシウマイ」である。ポイと口にほうりこめる大きさ（というか小ささ）が絶妙で、ご飯のおかずではなく、中途半端な時間におやつ感覚で食べるとなおいっそうおいしい。

食べてしまったあとに残るのが、陶器のしょうゆ入れの「ひょうちゃん」。生みの親は『フクちゃん』で有名なマンガ家・横山隆一氏で、命名も氏によるもの。第一世代の「ひょうちゃん」は「いろは四八文字」にちなんで四八種だったが、一九八八年に登場した第二世代は計八〇種、サイズ・色違いを含めるとなんと全六四〇種！「オサムグッズ」（イラストつきの文具や雑貨。七〇年代後半、女子中高生の間で爆発的ブームとなった）で一世を風靡（ふうび）したイラストレーターの原田治氏の作だ。

左が原田治氏による第２世代「ひょうちゃん」。2003年からは横山隆一氏の復刻版第１世代を採用（写真上）。その他、柳原良平氏が手がけた限定版など、さまざまなタイプがつくられた。その昔はキャップがコルクだったが、1996年にゴム製に変更された

●ひょうちゃん（崎陽軒のシウマイ）

採用年：1955年

問合せ：株式会社崎陽軒／045-441-8918

マ・マーのお母さんマーク

その昔は「スパゲティ＝ミートソースもしくはナポリタン」だった、という話はよく耳にする。が、すでに七〇年代なかばごろには、第一次パスタブームが取り沙汰されていた記憶がある。地元・恵比寿では渋谷の某専門店の行列が話題になり、多くの人が「え？　スパゲティのメニューってこんなに種類があるの？」と驚いた。で、影響を受けた「自称専門店」が恵比寿にも増えたが、後の「イタメシ」ブームとは大違い。「とにかく種類を増やしました」的な店が多く、しょうゆ味、塩辛、生タマゴ和えなど、店主が勝手に考えた実験的メニューで勝負していた。納豆や明太子など、その後の和風パスタの定番レシピはこの時期に「発明」されたのだと思う。

国内のパスタブランドのなかでも、老舗中の老舗が「マ・マー」だ。発売開始は一九五五年。戦後のパスタ文化を築いたブランドなのである。当初から目印は「お母さんマーク」。作者も発案の経緯もはっきりしていないが、「明るくてやさしいママ」をシンボライズしたもの。初期はトレードマークのエプロンをつけていなかった。

現行マーク

初代

2代目

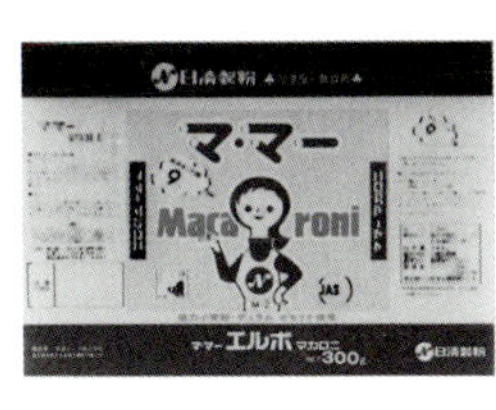

初代はエプロンをつけず、お皿にのせた料理を持っていた。このころの主力商品はスパゲティではなくマカロニだったそうだ。2代目は1970年版。エプロンをつけた見慣れた姿になった。現行マークは、よりシンプルなデザインに。このほかにも何度かのマイナーチェンジが行われている

●マ・マーのお母さんマーク（マ・マースパゲティ）

採用年：1955年

問合せ：株式会社日清製粉グループ本社／03-5282-6650

マルコメ君

「マルコメ君」といえば、たいていの人はくりくり坊主の男の子が実写で登場するCMを思い浮かべるだろう。実写版「マルコメ君」は現在で一三代目。シリーズの放映開始は一九七七年だ。それ以前のCMでは、アニメの「マルコメ君」が登場していた。今はマルコメのキャラクターマークになっている小坊主さんがお寺で修行する様子を描くギャグタッチのCMで、白黒テレビ時代の五〇年代なかばから六〇年代後半にかけて放映された。子どもたちを楽しませるCMをつくれば、その子が大人になってからも商品名を覚えていてもらえる、という発想で誕生したキャラクターだ。

当初、「マルコメ君」は「みそすり坊主」として登場した。その昔、みそを使う際には、すり鉢で粒をつぶす習慣があった。このことから、寺院の炊事雑役などをする小坊主さん、つまり修行初心者の小坊主さんが「みそすり坊主」と呼ばれるようになったそうだ。みそをする習慣が一般的だったのは昭和三〇年代あたりまで。以降は「マルコメ君」も、すり鉢ではなくみそ汁の入ったお椀を手にしている。

一番左が初登場時の「みそすり坊主」の「マルコメ君」（1955年）、中央がお椀に持ちかえたリニューアル版（65年）、右が90年に採用された現行版だ。50年代から商品パッケージに描かれていた「マルコメ君」マークだが、現在のように正式にキャラクターマークとなったのは76年から

●マルコメ君（マルコメみそ）

採用年：1955年

問合せ：マルコメ株式会社／03-5285-0121

ホームラン坊や

「ホームラン坊や」とは、国内初のアイスクリームバーであり、我々世代にはアイスの代名詞的存在だった「ホームランバー」のキャラクターだ。といっても、キチンと「ホームラン坊や」と命名され、キャラとして確立されたのはつい最近の話。以前はただの「包み紙の模様」でしかなかった。包装用の銀紙にグローブの絵などとともに描かれていた単なる図案だったのだ。当時はキャラにあれこれと付随情報を設定するなどという習慣はなかったし、我々ユーザーもパッケージイラストなどはさして気にもしなかった。ベリッと破いて公園のゴミ箱などに捨てていたが、そんなふうに無意識に、そして日常的に目にしていた名もないキャラが、今となっては妙に思い出深い。

初期はニッコリほほえむ坊やの顔の絵柄だったが、我々の時代は坊やの口がパカッと開いていた。当時はすでに大ヒット商品で、「当たりが出たらもう一本！」のシステムのほかに、ＵＦＯやヘリコプターのおもちゃが当たるキャンペーンも行われた。「スピードガンが当たる！」のときに大々的に放映されたテレビＣＭも懐かしい。

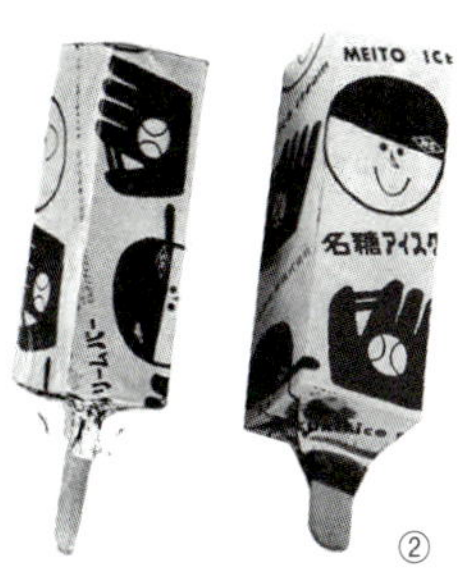

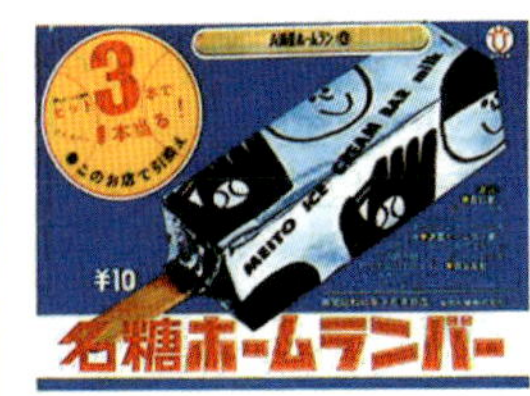

現在の「ホームラン坊や」①と初期の「ホームランバー」②。70年代の一時期、木の棒からカラフルなプラスチックのバーに変更されたこともある。このプラ棒にはいくつもの穴が開いていて、ブロックのように組み立てて遊ぶことができた。広告画像は、上が1965年、左が1978年のもの

●ホームラン坊や(ホームランバー)

採用年：1955年

問合せ：協同乳業株式会社／0120-369817

黄桜のカッパ

その昔、一〇月一日の都民の日が近づくと、東京の小学校では「カッパのバッジ」なるものが販売された。これをつけていれば都民の日に限り、都が経営する交通機関、博物館などの施設がタダになる。が、そんなことより、そのバッジそのものが素晴らしく魅力的だった。デザインは毎年変わり、数種のラインナップで販売される。基本はバラ売りだが、ほしかったのは全種がプラケースに入った特製セット。僕は毎年のように親にねだったが、「ひとつあれば充分でしょ」ともっともなことを言われ、いつもバラのバッジをひとつだけ買っていた。このバッジのデザインを手がけていたのが、マンガ家の清水崑氏と小島功氏。どちらも黄桜のカッパを描いた大先生だ。

黄桜のCMにカッパが登場したのは、民法放送開始間もない一九五五年。清水氏が描いた初期作品は、人間社会の世相をカッパにおきかえてつづるスタイル。七四年に清水氏が死去し、小島氏に引き継がれる。小島版は「大人のファンタジー」的な内容で、浮き世を離れたカッパの世界を描いた。妙に色っぽいお姉さんカッパの姿が鮮烈。

小島功版　　清水崑版

先代社長が清水崑氏のマンガ『カッパ天国』(『週刊朝日』掲載)に着目したのが採用のきっかけ。上記の画像右列が清水崑氏のカッパを起用したテレビCM(昭和30〜40年代)、左列が小島功氏に引き継がれてからのもの(昭和50年代)。印象的な「かっぱの歌」を作曲したのは、初代『ルパン三世』のサントラなどでおなじみの山下毅雄氏だ

●黄桜のカッパ(黄桜)

採用年：1955年　問合せ：黄桜株式会社／電話番号非掲載

大正製薬のワシのマーク

国民的認知度を誇る傑作社章。大正製薬といえば、誰もが思い浮かべるのが「ファイト・一発！」の「リポビタンD」。テレビCMは、発売当時、巨人軍の選手だった王貞治氏を起用した巨人軍時代、大スターが登場した大物俳優時代を経て、七〇年代後半からは旬の俳優を二人一組で起用するダブルタレント時代になり、そのアクションシーンが男の子たちを魅了した。個人的には、大正製薬で思い出すのは日曜お昼の定番だった『大正テレビ寄席』。同社一社提供の寄席番組で、司会は全盛期の牧伸二。番組冒頭、ドーンと大写しになる白い「ワシのマーク」が印象的だった。

大正製薬の創業は一九一二年だが、マークが制定されたのは五五年。当時は民間ラジオ放送の最盛期で、「耳で聞いただけでも誰もが思い浮かべられるマークを」という意図で考案された。当時の同社のCMの多くは「ワシのマークの大正製薬です！」で締めくくられるが、確かにラジオCMでこれを聞いただけでもパッとあのマークが頭に浮かぶ。制定当初は写実的だったが、後に現在のシンプルで力強い図柄になった。

制定は1955年の7月。フォルムが覚えやすいだけでなく、鳥類の王者であり、力強く大空をはばたく姿と会社が発展していくイメージを重ねる、という意味合いからもワシの図柄が採用された。何度か少しずつマイナーチェンジを重ねながら現在のデザインとなったが、全体の印象は制定当時からほとんど変わっていない

●大正製薬のワシのマーク

採用年：1955年

問合せ：大正製薬株式会社／03-3985-1111

ニックン&セイチャン

昭和っ子にとってソフトクリームは極めて非日常的な食べ物で、特別なワクワク感に満ちていた。普段のおやつに食べる機会などはまずなく、ありつけるのはたいてい「おでかけ」をしたとき。遊園地や動物園の売店、夏の旅行で寄ったドライブイン、そしてデパートの大食堂。そうした「ハレ」の場所で味わうものだった。

デパートの大食堂でソフトクリームを注文すると、金属製の輪っかがついたスタンド(?)にセットされ、うやうやしくテーブルに運ばれる。あの感じが懐かしい。また、観光地の売店などでは、お店の人が慎重な手つきでコーンを動かしながら、目の前で見事なクリームの山をつくってくれる。あの作業を眺めるのも楽しかった。

ソフトクリームといえば日世の「ニックン&セイチャン」。もともとは日世がソフトクリーム事業をスタートした際、米国から輸入したコーンのパッケージに描かれていたイラストだった。特に決まった呼び名がないまま親しまれていたが、二〇〇一に命名キャンペーンを実施。五万件を超える応募のなかから現在の名が選ばれた。

①現在の「ニックン＆セイチャン」。米国のイラストのタッチを踏襲しつつ、日世社内でリライトしたもの。②50年代なかば、日本にお目見えしたころの箱絵。③おなじみの店頭人形。このほか、プロモーションキャラクターとしてシンプルにアレンジされたふたりが、各種グッズになったり、イベントに登場したりと活躍中

●ニックン＆セイチャン

採用年：1950年代なかば

問合せ：日世株式会社／03-5749-9121

フレッドくん

僕はあまりモノを大事にする子どもではなかったが、気に入ったモノにはとことん執着する習性があった。そういうモノのひとつが「フレッドくん」(当時は名前を知らなかった)のキーホルダー。駅や百貨店内の靴修理・合鍵複製コーナー、ミスターミニットの販促品だ。小学生時代、母親が渋谷の東急デパート内の同店でもらってきた。カバンやジーパンのベルトループにつけて中学生になるまで愛用し、最後はゴム製の赤ジャケットの色がほとんどはげ落ち、手足もボロボロになってしまった。

「フレッドくん」の故郷はベルギーのブリュッセル。五〇年代当時、彼の地ではハイヒールが流行し、女性が外出先で靴のトラブルに見舞われることが多くなった。そこで登場したのが、気軽に立ち寄れるカフェスタンドのような靴修理店、ミスターミニット(当時はタロン・ミニット)。当時は靴の修理店というと「頑固な職人」のイメージがあって、若い女性には少々とっつきにくかった。それを払拭するため、紳士的かつ穏和な雰囲気の「フレッドくん」が誕生。その名は英語の「Friendly」に由来。

1972年、三越日本橋本店に国内1号店が登場。初代「フレッドくん」は、当時のスタッフの制服だった赤マントを着用していた。その後、長らく赤マントを着ていたが、2001年にブランドカラーのブルーのマントに変更された。左の写真は歴代のキーホルダー

●フレッドくん(ミスターミニット)

採用年：1957年

問合せ：ミニット・アジア・パシフィック株式会社／0120-80-3210

コーネリアス・ザ・ルースター（コーニー）

ダイエット食品や特定保健用食品なんて概念すらなかった僕の幼少期、「ケロッグ」はスーパーのお菓子売り場に並べられることが多かった。ラインナップも現在より子ども向けで、なかでも大好きだったのが「ハニーポン」（ハチの「ハニーちゃん」のパッケージ）、「シュガーポン」（リスの「ピーター」）、「フルーツポン」（トリの「サム」）の「ポン御三家」。この三つは同世代の誰に聞いても「おいしかった！」と答える。僕はよく牛乳をかけずにスナック感覚でポリポリ食べたが、それでもおいしかった。傑作商品だと思うのだが、どうしてなくなっちゃったんだろう？

とはいえ、当時も「ケロッグ」の看板商品といえば、やはりプレーンの「コーンフレーク」。そのキャラクターが、おなじみのニワトリ「コーネリアス・ザ・ルースター」、通称「コーニー」である。日本に登場したのは六〇年代後半。日本では「チャーリー」の名でデビューした。一時期、パッケージに人の写真が使われるようになって姿を消していたが、八〇年代なかばに本来の「コーニー」の名で再登場を果たす。

当初は左のパッケージ写真(1970年)のように、キャラというよりマークに近かった(懐かしのオマケ「世界の戦士」にも注目!)。復活時はよりキャラっぽい「コーニー」となったが(上図)、2006年以降、再び横向きの懐かしい「コーニー」が使用されている

●コーネリアス・ザ・ルースター(コーニー)
(ケロッグ コーンフレーク)

採用年:1957年

問合せ:日本ケロッグ株式会社/0120-500209

リボンちゃん

「リボンシトロン」の発売は一九一五年。大正時代の初頭である。看板娘の「リボンちゃん」が誕生するのは、それから約四〇年後。大勢のイラストレーターが動員され、五〇種ものサンプルが描かれたそうだ。デザインの決定は難航したが、あるとき、オーストラリアでつくられたアニメーションのサンプルフィルムが持ち込まれた。すっとんきょうな声でしゃべるキャラクターがシンプルな線と動きで表現されたもので、これが「リボンちゃん」のヒントとなる。一九五八年の第一弾CMで、「リボンちゃーん、リボンジュースよ」「なぁ〜にぃ?」という「リボンちゃん」とママのほのぼのとしたやりとりが人気を博し、アニメCMがシリーズ化された。

現在は定番の「リボンシトロン」のほか、ロングセラーの「リボンナポリン」(北海道限定販売)、「やさしいフルーツ」シリーズ、「ふってふってゼリー」などの商品ラベルに「リボンちゃん」が描かれている。また、現行品「リボンシトロン」「リボンナポリン」のラベルは七〇年代のボトルをイメージしたデザインになっている。

現在の「リボンちゃん」はよりカラフルになり、「Ribbon」のロゴも変更された。プロフィールも詳しく設定されており、それによると彼女は「小学1年生」なのだそうだ。口癖は「ひらめいたっ！」とのこと。左は旧「リボンちゃん」

●リボンちゃん（リボンシトロン）

採用年：1957年

問合せ：ポッカサッポロフード＆ビバレッジ株式会社／0120-885547

のり平

二〇一三年、ＴＢＳラジオが誇る超長寿番組『永六輔の誰かとどこかで』がついに終了した。放送開始は僕が生まれた一九六七年。アシスタントの遠藤泰子さんが「桃屋の空きビン」を読み込んだポエムを朗読するオープニング、永六輔氏の「お説教」、遠藤さんが桃屋の商品を紹介するエンディングのＣＭまで、長らく変わらぬスタイルで放送されていた。で、これよりさらに古いのが、今もおなじみの「のり平」のアニメＣＭだ。第一弾の「江戸むらさき／助六篇」の放映は五八年のことである。

そもそも桃屋はテレビＣＭ製作以前から、俳優の三木のり平氏の自作似顔絵を新聞広告に使っていた。テレビ時代の幕開けにともない、これをアニメ化したのが「のり平ＣＭ」のはじまり。現在までに三三七作を数えるが、九九年に三木氏が他界してからは、ご子息の小林のり一さんが声を担当している。毎回、「これでもか」の勢いで繰り出されるダジャレがとにかくスゴイ。特に七一年の「いか塩辛」ＣＭが強烈で、「イカないで〜」「イカあった」「イカった」という連続技は今も耳に残っている。

①記念すべき第1作「江戸むらさき／助六篇」(1958年)、②ダジャレが炸裂した「いか塩辛／蝶々夫人篇」(71年)、③「のり平」が山本リンダに扮する「ごはんですよ！／オムニバス篇」(73年)、④「タンマじゃない、メンマだ！」のダジャレが記憶に残る「メンマ／メンマ大王篇」(75年)。初期のアニメーターはサントリー「アンクルトリス」で有名な大西清氏。近年は『サザエさん』の演出で知られる鳥居宥之氏も担当していた

●のり平(桃屋)

採用年：1958年

問合せ：株式会社桃屋／0120-989-736

アンクルトリス

子ども時代、お酒のCMが不可解だった。特に七〇年代の洋酒のCMには「男の美学と哀愁」的なものが多く、子どもには縁遠い世界である。怒っているような、困っているような表情のオジサンが、グラスのお酒をチョビッとひとくち飲んで「う〜ん」と苦しそうにうなっておしまい……といった感じのものが定番。子どもとしては「おいしいのかまずいのか、はっきりしてくれ」と思ったものだ。大人になってもお酒がまるでダメなので、いまだに「う〜ん」とうなる気分はさっぱりわからない。

そんな洋酒CMのなかで、ひときわ異彩を放つのが「アンクルトリス」。昭和三〇年代に「やすい、うまい」で一世を風靡（ふうび）したウイスキー「トリス」のキャラクターだ。デザインは故・柳原良平氏、コピーは開高健氏、命名は酒井睦雄氏。「天才」のアイデアを結集させたキャラなのである。新聞広告やポスターのほか、洋酒としては珍しいアニメCMも話題になり、「トリスを飲んでハワイへ行こう!」「人間らしくやりたいナ」など、日本の広告史、いや、昭和史に残る数々の流行語を生み出した。

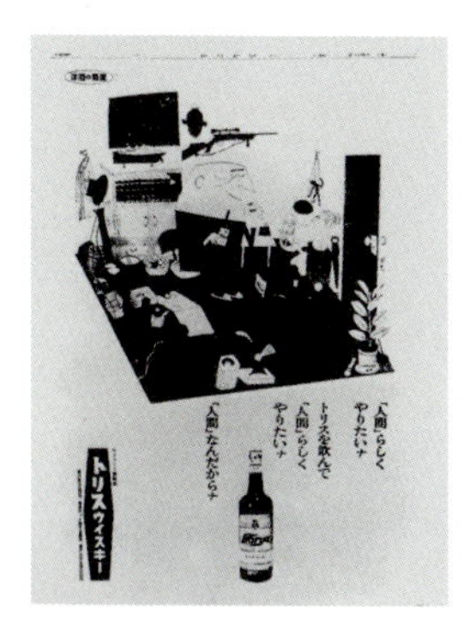

高度成長期のサラリーマンが抱いていたある種の理想の男性像を体現した存在……なのかも。トボけた雰囲気と独特のダンディズムを併せ持つ不思議なキャラだ。上図の広告２点は傑作コピー「人間らしくやりたいナ」と、流行語にもなった「トリスを飲んでハワイへ行こう！」のキャンペーン告知

●アンクルトリス（トリス）

採用年：1958年　問合せ：サントリー株式会社／0120-139-310

サトちゃん

その昔、町の薬局の店先には店頭人形やムーバー（一〇円遊具）が並び、地元の子どもたちにとってはちょっとした遊び場だった。昨今では諸事情で入り口前のディスプレイが撤去されるケースが多くなり、というより、小さな薬局が数を減らして、フランチャイズのドラッグストアばかりになった。そういう店では、店頭人形の代わりにハチマキ巻いたアンチャンがハンドマイク片手に「〇〇のコスメが三割引きッ！今だけッ！」などと耳障りな声で叫んでいる。あれこそ早急に撤去してもらいたい。

こういう時代でも、昔から変わらずに元気なのが「サトちゃん」。おなじみの店頭人形は今もあちこちで見ることができる。生みの親は、人形劇『ブーフーウー』を手がけた童話作家・飯沢匡氏と童画家・土方重巳氏。名前は公募で決定された。店頭人形はもちろん、一九六四年に初登場した「サトちゃんムーバー」が大人気になり、一〇円を握りしめて薬局に走る子どもが続出。七〇年の大阪万博では、佐藤製薬が出展した生活産業館で入場客を迎える大役を務めた。

ゾウは健康と長寿の象徴。製薬会社のキャラにはピッタリなのだ。①は現行の店頭人形。ピンク色の女の子のキャラは1982年生まれの「サトコちゃん」。ムーバーには「サトちゃん」「サトコちゃん」の２タイプがあり、稼働中にそれぞれの歌を聞くことができた(現在は製造されていない)。②は初代店頭人形

●サトちゃん(佐藤製薬)

採用年：1959年

問合せ：佐藤製薬株式会社／03-5412-7393

バヤリース坊や

「バヤリース」は果汁入りジュースのパイオニアだ。もちろんはるか昔から果汁を搾って飲む習慣はあった。が、長期の保存ができず、店頭で売られる商品には向かなかったのだそうだ。それを解決したのが、米国のフランク・バヤリー氏という科学者。果汁をフレッシュなまま保存する特殊な殺菌方法を考案したのである。こうして誕生したのが「バヤリース」。進駐軍とともに日本に上陸し、「バヤリースオレンヂ」(八〇年代後半からは「バヤリースオレンジ」と表記される)の名で親しまれた一九五九年、缶入り「バヤリース」発売時に誕生したのが「オレンジ坊や」。おいしそうに「バヤリース」を飲む横顔が印象的で、多くのグッズなども販売された長寿キャラだ。九六年、オレンジ以外のフレーバーの登場をきっかけに「バヤリース坊や」と改名された。そして二〇〇七年、ビックリするような変化が起こる。堂々と正面を向いたデザインが登場したのである。スーパーではじめて新「バヤ坊」を発見したときは、前を向くとこんな顔をしてたのか……と、シゲシゲと観察してしまった。

長らく「バヤリース」のボトルや缶のラベルに描かれてきた「バヤリース坊や」だが、現行品シリーズのラベルにはなぜか描かれていない。同社サイト内では従来どおりブランドのキャラとして活躍中。左の写真は1962年の懐かしの広告。我々世代が「バヤリース」と聞いて思い浮かべるのは、やはりこの鮮やかな黄色い缶

●バヤリース坊や（バヤリースオレンジ）

採用年：1959年

問合せ：アサヒ飲料株式会社／0120-328-124

茶坊主

八〇年代くらいまでは、かなりの数の関東・東京ローカルのテレビCMを目にすることができた。老舗の和菓子屋さん、高級ステーキ専門店、宝石店、結婚式場のCMが多かったことを覚えている。幼少時は静止画のみの紙芝居風CMもよく見かけた。

なかでも子どもたちに人気だったのが、上野アメ横のお茶屋さん、君野園のCMだ。和室に向かいあって座るクリクリ坊主の少年「茶坊主」と、和服の女の子「茶娘」。二人はなにやら恥ずかしそうにもじもじしながら、無言でお茶を飲んでいる。そして「茶坊主」がひとこと。「きみの のむおちゃ きみのえん ぼくの のむおちゃ ぼくのえん おっと ちがった きみのえん」。「茶坊主」は顔を真っ赤にしてうつむき、「茶娘」も頬を赤らめてクスリと笑う、というかわいらしい内容のアニメーション。五〇年代からバブル崩壊時まで続いた息の長いCMだ。経営者の親戚にあたり、クイズマンガ『ぴょこたん』などで有名なこのみひかる先生が生みの親。流行語にもなった傑作コピーは、なんと当時小学生だった先生の息子さんの作なのだそうだ。

君野園は日本各地のお茶、各種茶器を販売する老舗店。テレビなどの取材も多く、アメ横では有名なスポットだ。店内には「茶坊主」「茶娘」のディスプレイがいっぱい。ふたりのイラスト入りTシャツや湯飲みも販売されている。上は往年のアニメCMに使われたセル画。70年代に描かれたものだ

●茶坊主（茶の君野園）

採用年：1950年代後半

問合せ：株式会社茶の君野園／03-3831-7706

ビタワン

このペロッと舌を出した白いワンちゃん、幼少のころからずっと親しんできた気がする。が、このイヌになぜこんなに懐かしさを感じるのか、自分でもいまひとつわからなかった。我が家にも「トリトン」という名の愛犬（小二のときに命名。今となってはかなり恥ずかしいネーミングセンスである）がいたが、彼はドッグフードを食べなかった。家で「ビタワン」を買ったことはないはずだ。

で、思い出した。当時、「ビタワン」はお米屋さんが扱う商品のひとつだったのだ。つまり「プラッシー」などと同様、町のお米屋さんの店先には、必ず「ビタワンくん」の看板が掲げられていたのである。店先の看板はプラスチック製の箱形のものだったが、民家の壁などにも鉄板にペンキで描いたような「ビタワン看板」が貼りつけてあった。我々世代が懐かしいと感じるキャラクターの多くは、幼少期にテレビCMによって刷り込まれたものだが、こと「ビタワン」に関しては、数十年前に目にした看板の記憶によるところが大きい。「看板って偉大！」なんてことをあらためて思う。

キュートで洗練されたデザインはコンペで決定、名づけ親は社長だ。バイタリティやビタミンのvitaと、1番のone、そして「ワン！」というイヌの鳴き声から命名された。50年目を迎えた2009年にデザインを刷新。ロゴが追加され、目などの表情が変更された。左の写真は初期の「ビタワン」。キャロライン洋子を起用した80年代のテレビCMも懐かしい

●ビタワン（ビタワン）

採用年：1960年

問合せ：日本ペットフード株式会社／03-5479-6401

エースコックのこぶた

エースコックは最古参カップ麺メーカーのひとつ。幼少期、当時はかなり斬新な印象だったエースコックという社名と「こぶた」マークが好きで、同社の「カレーヌードル」をよく食べた。ほかにも石立鉄男が「自分でバンバンしなさい」なんてCMをやっていた「カップ焼そばＢａｎＢａｎ」も印象的。当時はなにも考えずに食べていたが、縦型カップに入った焼きそばはあれが業界初。画期的な商品だったのだそうだ。

エースコックの前身、梅新製菓（パンやビスケットをつくっていた）が即席麺の製造をはじめたのは一九五九年。初期のヒット商品「エースラーメン」などには、すでに商標登録された「こぶた」マークが描かれていたそうだ。六〇年にエース食品と社名を変更、さらに六四年、優秀なコックさん＝エースのコックという意味でエースコックと社名を変えた。現在も同社の看板商品となっている「ワンタンメン」が発売されたのは六三年。「♪ブタブタコブタ、お腹が空いた、ブー！」のCMソングとともに大ヒットし、エースコックの「こぶた」は日本全国に知れわたった。

初代　　２代目

上図が３代目「こぶた」と、その販促用人形。左は初代と２代目。「♪ブタブタ……」の歌でおなじみになったのは３代目だ。90年代にはアニメ調の「こぶた」キャラも使われていた

●エースコックのこぶた（エースコック）

採用年：1960年

問合せ：エースコック株式会社／06-6338-2745（大阪）
03-3982-9518（東京）

Qちゃん

本シリーズ「食品編」で「世界初のスティックチーズ」として紹介したのが、六甲バターの「Qちゃんチーズ」。発売当初は、店頭に置かれた大きな缶から一本ずつ取っていくバラ売りが主流で、一本の値段が一〇円。子どもが自分のおこづかいで買うお菓子感覚のチーズだったようだ。我々世代の幼少期、「チーズが嫌い」という子どもはけっこう多かった。同じく「牛乳が飲めない」なんて子もちらほらいたが、これはたぶん親の世代が乳製品にあまりなじんでこなかったからだろう。高度成長期は「とにかく子どもに栄養を」という時代だったので、大人たちはチーズや牛乳をしきりに子どもたちにすすめたものだ。食わず嫌いでチーズを敬遠する子どもたちにとって、食べやすい「Qちゃんチーズ」は格好の「チーズ入門」となったのである。

発売時からパッケージに描かれていたのは、セーラー服の少年「Qちゃん」。同社のブランドQ・B・Bの一文字をとった名だが、このQ・B・B、子どものころからなんの意味なのかと気になっていた。実は「Quality's Best & Beautiful」の略。

同社は1948年創業、チーズ専業メーカーとしてはトップ企業だ。特に「ベビーチーズ」はベスト&ロングセラーで、年間売り上げは7億個以上。1枚1枚をフィルムで包んだ現行スタイルのスライスチーズを日本で初めて発売したのも同社だ

●Qちゃん(Qちゃんチーズ)

採用年:1960年

問合せ:六甲バター株式会社/0120-606-086

アスターちゃん

僕の幼少期、数ある企業キャラのなかでも「アスターちゃん」の知名度・人気は群を抜いて高かった。今見ても本当にキュートで、昭和の傑作キャラの代表だと思う。当時はたいていの家にひとつは「アスターちゃん」のソフビ人形があったものだ。もちろん僕も三つほど所有していたが、本当にほしかったのはデパ地下名店街の銀座アスターの店に置かれていた大型の店頭人形。デパートに行くたびに「あれをくればいいのにな」などと憧れの目で眺めたのを覚えている。

「アスターちゃん」は一九六〇年、シュウマイの宣伝用マスコットとして誕生した。考案者は銀座アスター創業者・矢谷彦七氏の娘である喜久子さん。『名犬ラッシー』放映時に流れた「シュウマイ五〇〇円分のお買い上げでアスターちゃん人形プレゼント！」のテレビCMをきっかけに人気が爆発し、累計五〇万個の人形が配布された。

長らく引退状態にあった「アスターちゃん」だが、数年前に同社のサイト内や店舗のメニューに再び登場するようになった。オールドファンとしてはうれしい限りだ。

①

②

さまざまな種類のものが製造されたソフビ人形(上記写真)のほか、浴衣、消しゴムなどのグッズも配布された。現在はグッズの配布はないが、店舗のメニューなどで活躍中(①)。②は現存するもっとも古い「アスターちゃん」のデザイン画

●アスターちゃん

採用年：1960年

問合せ：銀座アスター食品株式会社／03-3492-0654

マルちゃん

現在も東洋水産の各商品パッケージで、ペロッと舌を出しながら笑っている「マルちゃん」。幼少期から見慣れているために、シゲシゲと観察する機会の少ないマークのひとつだ。我々世代が親しんだのは赤いバックに黒々とした太い線で描かれたものだが、いつのまにか赤い輪郭&黄色いバックにリニューアルされている。その昔、近所のスーパーには立体化された「マルちゃん」ソフビ人形が飾ってあった。ちゃんと体がついた「マルちゃん」で、上半身はなぜかほとんど裸。ずり落ちそうになっているズボンを片手で引き上げている独特のポーズが子どもたちの注目を集めていた。「マルちゃん」は、魚肉ソーセージや缶詰を手がける東洋水産が即席麺市場に参入する際、子どもからお年寄りまでに親しまれる新ブランドを、と誕生。当時、水産会社には、魚市場で使用される屋号を社章として使用する習慣があった。東洋水産の場合は、頭文字の「と」を丸のなかに入れた「マルト」印。新ブランドもこれをベースにしようということで、「マルトちゃん」→「マルちゃん」となったのだそうだ。

上図左が現在のマーク、右上が初代、右下が我々世代におなじみの赤いマーク。左の「マルちゃん」人形がつくられたのは1968年から。「体つき」の「マルちゃん」は現代風のタッチのイラストで生まれ変わり、今も活躍中。新たにお姉さん、弟も誕生した

●マルちゃん（東洋水産）

採用年：1961年

問合せ：東洋水産株式会社／03-3458-3333

ビックボーイ

決して目立つ存在ではないが、妙に子どもの好奇心を刺激する不思議な企業キャラやマークがある。このビックボーイもそうした「不思議キャラ」の代表だと思う。幼児時代、近所のタバコ屋さんにガムなどのお菓子を買いに行くたびに（昔はこうしたタバコ屋兼お菓子屋みたいな店が多かった）、ライターの並んだ箱に描かれた「目玉おやじ」のようにも見えるキャラに目が釘づけになった。店頭人形やCMキャラのようにハデな活躍をすることはなく、基本的にはボールペンの軸とライターにひっそりと刻印されているだけ。だが、子ども心に非常に気になる魅力を持つキャラなのだ。

デザインを手がけたのはフランスの画家、レイモンド・サヴィニャック。数々の商業ポスター、映画ポスターの傑作で知られる才人だ。現在は定番となっている「ビック・オレンジ」が登場した一九六一年、この新商品に子どもにも関心を持ってもらおうと考案された。頭はボールペンヘッド、背中にペンを背負った小学生という独特の造形は、半世紀後もまったく新鮮さを失わず、世界中で親しまれている。

シンプルなのにちょっと不思議、しかもカワイイ……というユニークな造形はひと目見ただけで忘れられなくなる強烈な印象を残す。ちなみに「BIC」のロゴをデザインしたのもサヴィニャック氏だ。このブランド名は、低価格の使いきりボールペンを世界中に普及させた創業者、マルセル・ビック氏のファミリーネームから取られている

●ビックボーイ

採用年：1961年

問合せ：BICジャパン株式会社／0120-768-030

ローズちゃん

たぶん幼稚園に入る前、確か『ロンパールーム』の時間だったと思う、「♪たかしまや〜の〜ロ〜ズちゃん」というCMを何度も目にした。天使のような衣装の「ローズちゃん」人形が、キラキラした光（ロウソクの光？）のなかでゆっくりと回転していたのを覚えている。あまりにうろ覚えで、なんだか夢のなかの光景のようだ。

髙島屋のマスコットには、実は「ローズちゃん」以前にも先代がいる。一九五九年のクリスマス、装飾用にはじめてつくられたマスコット人形が妖精の「ハッピーちゃん」。さらに翌年、浩宮さまご誕生を記念して「ラッキーちゃん」がつくられる。その後、毎年のクリスマスに人形が製造されたが、一九六二年、聖歌隊スタイルの人形が登場。これが「ローズちゃん」の原型だ。翌年の夏、ネイティブアメリカンスタイルの「ローズちゃん」によって、以降の一貫したデザインポリシーが完成した。この人形の原型製作は、日展評議員の彫刻家・遠藤松吉氏によるもの。ちなみに、「ローズちゃん」は女の子だと思っている人が多いが、通常は男の子と女の子のペア。

①②は現在の「ローズちゃん」(①は同社美術部創設100年記念版。ロダンの「考える人」風。②は案内係の制服を着用)。③は1967年のもの。髙島屋といえば「♪バラの包みの髙島屋」だが、この「バラの包み」が2007年にリニューアル。よりエレガントで格調高いものに生まれ変わった(④)

●ローズちゃん(髙島屋)

採用年：1962年

問合せ：株式会社髙島屋／03-3211-4111

み子ちゃん

我々世代には「♪シュッシュポッポ、シュッシュポッポ」のCMでおなじみ、「神州一味噌」の「み子ちゃん」。もちろん今も現役、というより、むしろ当時よりもハデに活躍しているのである。宮坂醸造のホームページ上では、アニメっぽいタッチでリデザインされた「み子ちゃん」がナビゲーター役を務めているし、特設ページでは「オリジナルみ子ちゃん壁紙」や「み子ちゃんポストカード」などのダウンロードも可能。また、「懐かしのCMギャラリー」では歴代「み子ちゃん」CM動画を見ることもできる。詳細な情報と画像が満載の「み子ちゃんの歴史」ページも必見だ。

本書では「み子ちゃん」誕生を一九六二年としたが、それ以前から存在はしていたのだそうだ。六二年に公募により名前が決定され、「み子ちゃん印」が誕生。さらに弟の「しんちゃん」、友達の「かっちゃん」「ぎんちゃん」も登場した。電車ごっこをしていたメンバーだ。これらの名前は「みこ（ちゃん）＋し（んちゃん）＋かつ（ちゃん）＋ぎ（んちゃん）」で、「みこしかつぎ」という言葉に由来している。

神州一味噌
しんしゆういち

上記は今も変わらぬ基本形「み子ちゃん」と、初期のCM画像。「みこ／し／かつ／ぎ」メンバーのほかに男の子がひとりまじっているのだが（後ろから2番目）、この子の名前は宮坂醸造社内でも不明なのだそうだ

●み子ちゃん（神州一味噌）

採用年：1962年

問合せ：宮坂醸造株式会社／03-3385-2121

きゅうりのキューちゃん

大学生時代、旅行先でいっしょに食事をしていた友人に「このおこうこ、まずいね」と言うと、友人は「え？　オコーコってなに？」とキョトンとした顔をする。なぜか妙に気恥ずかしくなって、それ以来、人前では「漬けもの」と言うことにしているが、一説によると「おこうこ」は古い東京弁のひとつらしい。京都にもタクアンを示す「(お)こうこう」という言葉があるが、東京では漬けものの総称になるそうだ。ものごころついたころから漬けもの類はすべて「おこうこ」だったので、「漬けもの」「おしんこ」にはいまだになじめない。味や食感がうまく連想できない気がする。

まだ各家庭にぬか床があった時代、「おこうこなら家にあるでしょ」という親を説き伏せてねだったのが、この「きゅうりのキューちゃん」。ご飯に合う濃いしょうゆ味も魅力だが、キャラの「キューちゃん」の力も大きかった。当時、漬けもの売り場に子ども相手の商品など皆無。あの小さなさりげないイラストが、「きゅうりのキューちゃん」を子どもたちも大好きな「おこうこ」という稀有な商品にしたのだと思う。

我々世代が親しんだのは、やはり1代目。1981年に登場した2代目で、ハチマキが「ピンポンパン」風の帽子に変化し、キャラ自体もやや少年ぽくなって、91年の3代目でほとんど幼児に。2001年の4代目、03年の5代目で基本路線が完成し、以降は5代目を基準に表情などを変えている

●キューちゃん(きゅうりのキューちゃん)

採用年：1962年

問合せ：東海漬物株式会社／0532-51-6101

コロちゃん

その昔、恵比寿の商店街には「明音堂」というレコード屋さんがあって、古典的な童謡から人形劇番組のサントラ、子ども向けバラエティ番組の企画盤など、幼児向けレコードのコーナーが充実していた。そこに立っていたのがコロムビアの「コロちゃん」人形。「ここは子どものコーナーですよ」と教えてくれているように見えた。「コロちゃん」の誕生は一九六二年。同社童謡シリーズの拡販用として、ソフビ人形がつくられたのが最初だ。僕が目にしたのはカウンター展示用人形で、これは特約店向けにつくられたもの。ほかに大型の店頭人形もあったそうだ。「明音堂」がコロムビアの特約店だったからなのかどうかはわからないが、家にあった童謡レコードの多くにコロムビアの「音符マーク」がついていた。思い出すのは、好きだった『ピンポンパン』のＬＰ。このシリーズの多くもコロムビアが手がけていた。「ピンクのバニー」という歌（♪昨日出会ったピンクのウサギ）が大好きで、ＬＰのなかのその曲ばかりをリピートするため、該当部分だけがキズだらけになっていたことを覚えている。

上図左が現在の「コロちゃん」(2005年)、右上が初期のもの。右下は同社携帯サイト「モバイルコロムビア」の「コロちゃん」(2005年)。左は「コロちゃん ユラユラ人形」(販売終了)

●コロちゃん(日本コロムビア)

採用年:1962年

問合せ:日本コロムビア株式会社/電話番号非掲載

文明堂（銀座・新宿・横浜）の小熊

日本のテレビCM史を振り返るとき、必ず語られるのが「文明堂豆劇場」。「♪カステラ一番、電話は二番」の歌詞をつけられた『天国と地獄』にのって、五匹の「小熊」がカンカンダンスを踊る傑作CMだ。これ以前にも、同社はグリム童話などをもとにしたアニメや人形劇のCMを製作していたそうだが、先述のキャッチコピーを最大限に生かすような映像アイデアはないかと、長らく模索していたそうだ。

そんなとき、著名なマリオネットアーティスト、ノーマン＆ナンシー・バーグ夫妻がオーストラリアから来日。二人のショーをテレビで見た当時の社長がすぐさまコンタクトをとり、二人が操るマリオネットでCMを制作したいという話を持ちかけたそうだ。打ち合わせに打ち合わせを重ね、バーグ夫人手づくりの「小熊」を主役に据えることが決定。もともとBGMとして使われていたオッペンバッハの『天国と地獄』もキャッチフレーズにフィットしたので、そのまま採用。以来、約四〇年間、なんどもリニューアル案が検討されたが、あえて基本スタイルは変えていない。

1962年

1962年

1974年

1994年

ペンギン、サル、ネコなどの案を経て、「小熊」に決定された。ダンスの最後、長いシッポをふるしぐさはネコ案の名残(上記右上の写真)。「小熊」のカラーも白、薄い紫、ベージュと3回変わっている。また、合唱は音羽ゆりかご会、次いでひばり児童合唱団が担当している

●文明堂(銀座・新宿・横浜)の小熊

採用年：1962年
問合せ：株式会社文明堂銀座店／03-3536-0002

わこちゃん

近所の「伊藤内科」が我が家のかかりつけ医で、幼少期から社会人になって実家を出るまでお世話になった。この先生の机の上、血圧計の隣に、いつも裸の赤ん坊の人形がちょこんと座っていた。はじめて気づいたのは幼児のころで、大学卒業後に最後に診てもらったときにも、やはり同じ場所に座っていた。もはや風景の一部のようなものになっていたのだと思う。なんのキャラクターなのか、つい最近まで知らなかったのだが、同じものを小児科や薬局のカウンター、スーパーのベビーフード売り場などでもよく見かけた。調べてみると、あの赤ん坊の名前は「ワコちゃん」。「シッカロール」やベビーフードの老舗メーカー、和光堂のキャラなのである。

登場は一九六三年。小児科、産院などのディスプレイ用ソフビ人形としてつくられ、プレゼントなどにも利用された。現在は「わこちゃん」と名前の表記を変え、イラストとなって同社ホームページや育児用ミルクのパッケージなどで活躍している。イベントでは着ぐるみ「わこちゃん」が登場し、子どもたちに大人気なのだとか。

「ワコ」の名は社名の和光堂に由来。60〜70年代、4種類の大きさのソフビ人形(写真左)が産院や小児科に配布された。新「わこちゃん」(右)登場は2002年。同社ホームページでデビューし、育児用ミルク「はいはい」、フォローアップミルク「ぐんぐん」などのパッケージに使用されている

●わこちゃん(育児用ミルク「はいはい」など)

採用年：1963年

問合せ：和光堂株式会社／0120-88-9283

スミちゃん

スポンジたわしのトップシェア商品、スリーエムの「〈スコッチ・ブライト〉スポンジたわし」。その顔を四〇年以上にわたって務めているのが、エプロン姿の若奥さん「スミちゃん」である。どことなくアメリカのアニメのようなタッチで描かれているためか、子ども時代、このパッケージを見るたびに、『奥さまは魔女』のオープニングに登場するアニメ版の「サマンサ」を連想していた。

もともと同製品のシリーズは世界各国で販売されるグローバルな商品。ある意味では「スミちゃん」も外国生まれだが、厳密には「外国生まれの日本育ち」ということになるようだ。妙にクールで、なぜかオリエンタルなルックスの初代がヨーロッパで誕生、おなじみの「スミちゃん」に近づいた二代目以降は日本でデザインされている。誕生から約二〇年間は「名なし」だったそうで、一九八二年、「もうおなじみの私なのに、愛称がありません」と彼女が悲しげに訴える広告で愛称を公募。もっとも多く寄せられた名前から「スミちゃん」が選ばれた。

初代は「スコッチブライト」発売時に誕生（この「スミちゃん」は記憶にない）。70年代初頭に2代目、1979年ごろに3代目が登場し（服の水玉が大きくなる）、このときに名前も決定される。2002年、立体感のあるCGになった4代目が現れ、現在はより目鼻立ちがハッキリした5代目が活躍中

●スミちゃん（〈スコッチ・ブライト〉スポンジたわし）

採用年：1963年

問合せ：スリーエムジャパン株式会社
http://www.mmm.co.jp/homecare/

キクロンおばさん

「洗う」「磨く」の両方に使える世界初の貼りあわせタイプのキッチン用スポンジ、「キクロン」が発売されたのは一九六〇年。独特の雰囲気を持った「キクロンおばさん」が昔からの目印だが、発売当初のパッケージには描かれていなかった。登場するのは発売から三年後。当時、ナイロンたわしは一般的な日用品ではなく、値段も高かった。売り上げがなかなか伸びず、創業者・児玉勲氏が営業に悪戦苦闘していたころ、突如、「売り上げを三倍にしてあげましょう」という謎の画家が出現。社内資料にも名前が明かされていないこの画家こそ、「キクロンおばさん」の生みの親である。

作者の素性は謎めいているが、「キクロンおばさん」の個人情報はかなり詳細な部分まで明らかにされている。設定によれば、現住所は渋谷区東三丁目、年齢三七歳、ドイツ人の父と台湾人の母を持ち、中学生のときに父の仕事で初来日。シンガポール在住の外交官の夫との間に、御心小学校（実在しない）に通う七歳の息子がいる。麻布のナショナルスーパー（実在する）によく出没し、実は通販好きの懸賞マニア。

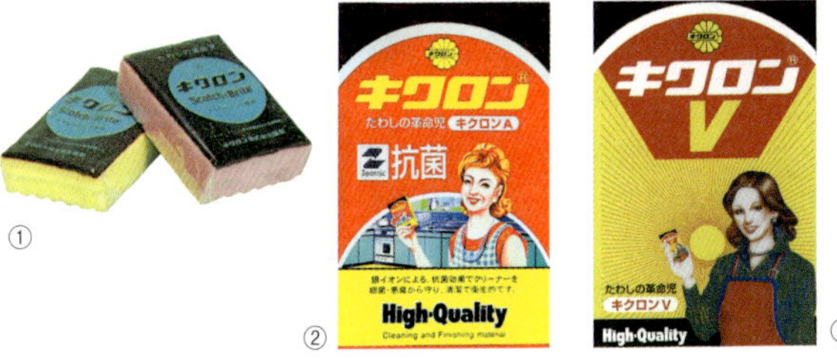

①が発売当初の「キクロン」。「キクロンおばさん」登場時に「キクロンA」となり、②の現行パッケージに近いものになった。③の「キクロンV」には妹とされる女性が登場している

●キクロンおばさん（キクロンA）

発売年：1963年

問合せ：キクロン株式会社／073-472-0863

チップちゃん（チップモンク）

今はどこでなにを買っても磁気カードにポイントが加算されていく。同種のサービスは僕の幼少期にもあり、それが小さな切手のようなものをシートに貼っていくスタンプサービスである。僕が育った町の商店街には「エビススタンプ」という独自のシステムがあり、キャンペーン時には福引きなどを楽しむことができた。こういう地域密着型スタンプサービスは無数にあるが、二大巨頭として全国に広く普及したのがブルーチップとグリーンスタンプだ。で、子どもとしては断然ブルーチップを支持した。グリーンスタンプのマークが葉っぱ(?)だったのに対し、ブルーチップには「チップモンク」、通称「チップちゃん」というキャラがいたからだ。モデルは北米産シマリス。ほっぺたに木の実をためる習性をスタンプ集めになぞらえたのだそうだ。

スタンプサービスは米国から伝来したもので、ブルーチップも米企業のノウハウで日本人が創業した会社。二〇年ほど前から電子ポイント化されたが、もちろん「チップちゃん」は健在。愛らしい笑顔は今もポイントカードや販促物などに使用される。

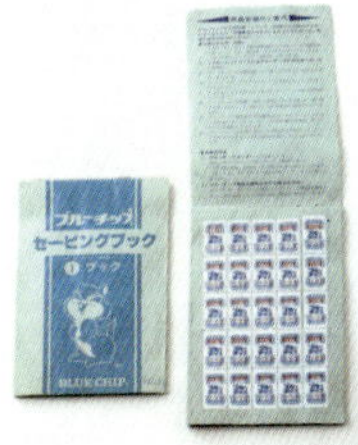

日本到来以前から米国版「チップちゃん」は存在したが、日本のものとはだいぶ違う印象。ちょっとコケティッシュなおなじみの姿をデザインしたのは、日本の社内デザイナーだ。ぬいぐるみや「ダッコちゃん」など、多くの販促物がつくられている。上は各種販促物とセービングブック

●チップちゃん(チップモンク)

採用年：1963年　問合せ：ブルーチップ株式会社／0120-266-070

トンちゃん

ひとりでお使いができるようになったころ、家の裏にあった「牛乳屋さん」（牛乳の宅配店だが、パンやアイスなども売っていた）によく買いものに行かされた。たいていは食パンだったが、「ついでに好きなジャムを買ってらっしゃい」となることもあって、僕が選ぶのは決まってソントンのピーナッツクリームかイチゴジャム。その店にはソントンのジャムしか売っていなかったからなのだが、この味で育ったせいか、いまだにあの紙容器入りじゃないとジャムという感じがしない。僕の「はじめてのお使い時代」から、ピーナッツ坊やの「トンちゃん」はソントンの目印だった。

戦前、宣教師のJ・B・ソーントン氏は、教会の運営資金のために日本ではじめてピーナッツバターを製造・販売した。この事業を引き継いだのが信者のひとり、石川郁二郎氏。ソントンの創業者だ。ピーナッツバターは同社のルーツ。だからこそ社の目印にピーナッツ坊やが採用されたのである。ひと世代上の人々には「♪ペタコン、ペタコン、ソン、トン、ジャーム」という「トンちゃん」のテレビCMも有名。

出身地：ピーナッツカントリー、性別：男の子、性格：おっとり、好きなもの：おいしいジャム、趣味：タップダンス。上記ロゴ入りの「トンちゃん」マークは2015年にリニューアルされたもの。左はちょっとオジサンぽい初代「トンちゃん」。1966年に現在の姿になった

●トンちゃん（ソントンジャム）

採用年：1963年

問合せ：ソントン食品工業株式会社／03-6386-7801

でん六のでんちゃん

「でんちゃん」が本シリーズに登場するのは、実はこれが三回目。最多出場キャラである。前二回は商品写真のかたすみに小さく写っていただけだが、今回は彼が主役。で、まじまじと彼の姿を見て、なんとなく不思議な印象を受けないだろうか？

「食品編」の「でん六豆」紹介記事で、子ども時代の僕は「『でんちゃん』はタヌキだと思っていた」と書いた。実際はクマであることを取材してはじめて知ったのだが、そのつもりで観察してみても、いまいちクマっぽくないような気がする。では「なにっぽい」のか？と聞かれても「やっぱりクマかなぁ」と答えるしかない程度にはクマっぽいのだが、なにかこう、不思議な架空の動物のようにも見えてしまう。

この「なんの動物だろう？」と首をかしげるようなデザイン、実はアイキャッチとしての効果を出すために当初から意図されたものなのだそうだ。「でんちゃん」の正体も動物のクマではなく、クマのおもちゃ。つまり『クマのプーさん』と同じ非現実世界の住人。あえてクマっぽさを消し、不思議なデフォルメを施しているのである。

でん六が鈴木製菓だった時代、北海道産の豆でつくった「スズキの甘納豆」にクマのキャラが使われていた。これがいわば「でんちゃん」の元祖。生みの親は日本マンガ学会事務局長・牧野圭一氏。名づけ親は鈴木傳四郎会長（当時は専務）。上の２カットは帽子をかぶった初期の「でんちゃん」

●でん六のでんちゃん（でん六豆）

採用年：1964年

問合せ：株式会社でん六／0120-397150

ケンミン坊や

ダイエットや健康維持に効果的ということでお米の麺が注目されるようになったのは、アジアンエスニックのお店などが増えてきたバブル期以降のことだと思う。が、「ケンミンの焼ビーフン」は子ども時代からおなじみの商品。個人的には、小学生時代の夏の土曜日の昼食というイメージが強い。暑い日のお昼は、なにかというと「そうめん、ゆでるわね」ということになりがちである。それでは栄養が不足するからと、ときおり母がエビや野菜を入れた焼ビーフンをつくってくれた。

ケンミンは一九五〇年からビーフンをつくりつづけてきた国内のパイオニアメーカーである。同社の商品パッケージに昔から掲載されているのが、赤いチャイナ服を着た三つ編みの男の子「ケンミン坊や」。誕生年は不明だが、六〇年代の初頭のパンフレットに、すでにその姿を見せていたのだそうだ。できたてのビーフンを運ぶ姿は「ビーフンの伝道師」をイメージしたもの。同社のCMは昔からユニークなものが多いが、九〇年代には『妖怪人間べム』を起用した「焼ビーフン」CMなどもあった。

中国の昔話に出てくる神通力（超能力）を使う男の子、日本で言えば「牛若丸」のような少年がモデル。「神業的な速さでおいしいビーフンをさめないうちに運ぶ」のだそうだ。基本パターンは上図のビーフンの皿を手にしたイラストだが、商品ごとにさまざまなカットが用意されている

●ケンミン坊や（ケンミン）

採用年：1960年代前半

問合せ：ケンミン食品株式会社／078-366-3035

ペガサス（フライングレッドホース）マーク

現在も傑作CM特集などでたびたび目にする「♪の〜んびり行こぉ〜よ〜」と鈴木ヒロミツが歌うモービル石油のCM。七〇年代初頭の「モーレツからビューティフルへ」という価値観の変化を象徴するCMの代表だ。そのモービルのシンボルが「ペガサスマーク」。ガソリンやオイル、タイヤなど、自動車関連のマークにはカッコイイものが多いが、なかでも男の子たちに人気があったのは、この赤い天馬だろう。

現在のような「ペガサスマーク」は、一九六五年にモービルオイルの第二トレードマークとして登録された（第一トレードマークは「Mobil」のロゴ）。原型は一九一一年、南アフリカにあったモービルの子会社がトレードマークとして登録した白いペガサス。赤いペガサスは二五年に日本人社員が発案し、日本向けガソリンのトレードマークに採用された。三一年、ソコニー・ヴァキューム（モービルの前身）は自社の持つ世界中のさまざまなトレードマークを統一することとし、米国本社の役員会全員一致で選ばれたのが日本の「赤馬」。以来、世界各地で親しまれ、信頼されている。

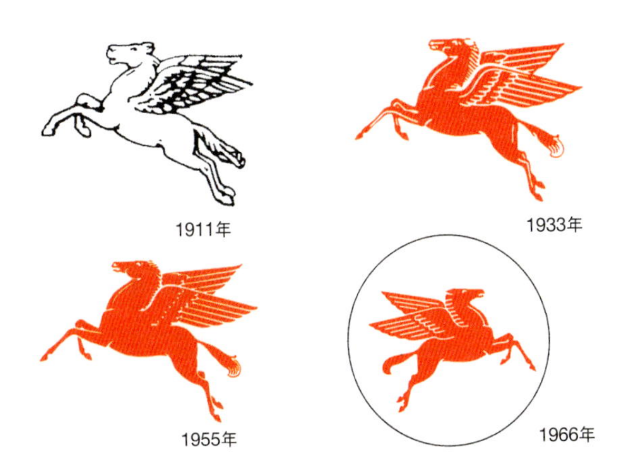

「モービルオイル」は1899年に英国で発売。1903年、ライト兄弟が初飛行で使用し、一躍有名になった歴史的商品だ。上の図版も長い歴史を持つ3つのマーク。エッソ(左。1933年)、モービル(中央。1965年)、ゼネラル(右。1967年)のブランドでサービスステーション(給油所)を展開するのは東燃ゼネラルグループである

●ペガサス(フライングレッドホース)マーク

採用年：1965年
問合せ：EMGマーケティング合同会社／03-6713-4400

やまちゃん

「♪紙のことなら山櫻」という山櫻のCMがことさら記憶に残っているのは、帽子に蝶ネクタイのキャラクター「やまちゃん」が印象的だったというだけでなく、「やまちゃん」が描かれた同社の営業車を町でよく見かけたからだ。子ども時代は、「やまちゃん」カーを目にするたびに「やまざくら〜め・い・しっ」と歌ったものである(営業車が走っていたのは主に東京、埼玉、神奈川、千葉、大阪、名古屋、福岡)。

山櫻がテレビCMをはじめたのは一九六六年。九三年までに六作品がつくられた。第一作はまだ「やまちゃん」が登場せず、喜劇役者・関敬六氏が「ムッシュムラムラ山櫻名刺ダドー」と当時の流行語を披露するものだった。二作目で「やまちゃん」と恋人の「さくらちゃん」が人形アニメで登場。親しみやすいラブソングを歌い踊る内容だった。七一年の三作目で「♪紙のことなら山櫻」のCMソングが誕生し、八〇年、おそらくもっとも多くの人の記憶に残る四作目の放映がスタート。「やまちゃん」がドアを開き、もうひとりの「やまちゃん」に名刺を渡す楽しいアニメCMだ。

「やまちゃん」はテレビCM以前の1964年ごろから、同社の名刺・封筒などのケースに登場している。作者はやなせたかし先生のお弟子さん、根岸こみち氏。「さくらちゃん」の誕生はCM２作目放映時の1967年。同社HP(http://www.yamazakura.co.jp)では過去のCM動画を配信中

●やまちゃん（山櫻名刺）

採用年：1965年

問合せ：株式会社山櫻／03-5543-6395

雪ちゃん

昭和のお味噌のCMには、なぜか郷愁と叙情に満ちた傑作が多い。なかでもジンワリとした懐かしさに満ちているのが「日本海みそ」のCMである。この傑作CMは深みのあるフィルム映像の質感のままで現在も放映されているが、大人になった今見るから懐かしいというのではない。子どもだった当時も、あの「雪ちゃん」(この子、今いくつなんだろう?)とお母さんのお味噌汁を介したなにげないやりとりや、古きよき時代の季節感に満ちたあのCMソングは、幼心に「ああ、なんか懐かしいな」と思わせるなにかがあった。世代や時代を超えたノスタルジーが宿っているのである。

パッケージに「雪ちゃん」が描かれた「日本海みそ」の発売は一九六五年ごろ。あのCMも同時期に制作され、四季が歌い込まれたCMソングの内容に合わせ、春夏秋冬の四バージョンが放映された。「雪ちゃんの唄」の作曲は「浪速のモーツァルト」ことキダ・タロー先生。歌っていたのは「♪カダン、カダン、カダン、お花を大切に〜」の「フマキラー カダン」のCMソングでも知られる野呂ひとみさんである!

ロングセラー「日本海みそ」の特徴は花を咲かせたように米麹の粒が浮かぶ「浮き麹」。ほのかな麹の甘さが懐かしい味わいの秘密だ。シリーズには「こしみそ」「田舎みそ」など複数の種類があるが、それぞれのパッケージで「雪ちゃん」のイラストの配色などが異なる

●雪ちゃん

採用年：1965年ごろ

問合せ：日本海味噌醤油株式会社／076-472-2121

白子さんと黒子さん

「生活雑貨編」でも紹介した超ロングセラーの洗顔料「ロゼット洗顔パスタ」。この商品キャラクターとして、六〇年代を中心にテレビ・雑誌で活躍したのが「白子さん」「黒子さん」のコンビだ。僕は幼少期にかろうじてテレビCMを目にした世代だが、それでも「目と口がくっついた女の人」の二人組は強烈に印象に残っている。覚えているのは二人が露天風呂で美容談議をしているアニメーション。黒子さんが「いいわねぇ、あなた、色が白くて」とか言うと、白子さんが「『ロゼット洗顔パスタ』のおかげよ」などと答えるもので、これは「白子さんと黒子さんのおしゃれ問答」というシリーズの王道パターン。当時、雑誌などではマンガ広告で展開された。

当時の著名なマンガ家が描いたものと思い込んでいたが、実は社内デザイナーが生みの親。「マンガは必ず人の頭に残る」と考えた創業者・原敏三郎氏自身の発案による。「白子さん」が原氏の妻、「黒子さん」はその姪がモデル。一時は姿を消したが、現在はチューブタイプの「ロゼット洗顔パスタ」のパッケージに再登場している。

①が現在の「ロゼット洗顔パスタさっぱりタイプ」「同しっとりタイプ」に使用されているイラスト。左が「黒子」、右が「白子」(だと思う。かつては「黒子さん」の肌が黒かった。現在は差異がないので、非常に判別しづらい)。②は定番の温泉における「おしゃれ問答」。③④は往年のイラスト

●白子さんと黒子さん(ロゼット洗顔パスタ)

採用年：1965年ごろ

問合せ：ロゼット株式会社／03-3471-7459

ヤマザキの太陽マーク

今も町のパン屋さんの目印となっているヤマザキパンの赤い看板。そこに描かれているのが、この印象的な太陽マークだ。これが採用された一九六六年、ヤマザキパンは「世界のパン ヤマザキ」を自社のキャッチフレーズに採用した。このフレーズにふさわしいスケールの大きなシンボルマークを、ということでつくられたのが、この太陽をモチーフにしたマークだ。太陽は命の源であり、それは「食」も同じ。「食」の大切さをアピールするとともに、食卓を明るく照らすという意味合いもある。

「太陽マーク」とともに、現在も「世界のパン」というキャッチフレーズは使用されており、町でよく見かけるヤマザキパンの配送トラックの荷台にも書かれている。

で、ヤマザキのトラックといえば、昔から変わらぬ愛らしい「スージーちゃん」マーク。今回は諸事情で掲載できなかったのだが、「太陽マーク」と同年にシンボルとして採用されたブロンドの女の子だ。実在の人物で、同社のテレビCMにも出演していたほか、当時の食パン「アメリカパン」などのパッケージにも登場した。

今もこのマークの看板を掲げた個人経営の「ヤマザキパンの店」は多い。こういうお店で買った菓子パンは、なぜかおいしく感じられるのが不思議。長らくデザインを変えていないヤマザキのトラックに愛着を抱いている人も多く、「トミカ」「チョロQ」などのラインナップにも含まれている

●ヤマザキの太陽(山崎製パン)

採用年:1966年

問合せ:山崎製パン株式会社/0120-811-114

サマーランドの太陽マーク

「テーマパーク」という言葉がどうにも好きになれない。「遊園地」でいいじゃないか、と思う。今にも子どもたちの歓声が聞こえてきそうな言葉の響きではないか。これが「テーマパーク」となると「背後にある巨大資本！」みたいなものを連想して身構えてしまうのだ、というのはもちろん世代の問題で、かつての大人たちは七〇年代に定着した「レジャーランド」という名称に対して、やはり「遊園地でいいじゃないか」と思ったのではないか。そのとき子どもだった我々にとって、「レジャーランド」という新しい言葉は、「遊園地」以上のワクワクを感じさせてくれるものだった。

僕が「レジャーランド」と聞いてまっさきに思い浮かべるのは、一九六七年、世界最大のプラスチックドームと室内型の波の出るプール（東洋初！）を目玉にオープンした「東京サマーランド」だ。ウォータースライダーが新設されたころ（七七年）にはじめて足を踏み入れ、そのスケールのでかさに圧倒された。あの印象的な太陽マークを目にすると、今でもあのときの浮き足立ったような気持ちを思い出してしまう。

WATER ADVENTURE
東京サマーランド

詳細な資料は残されていないが、一説によれば、東京サマーランドが位置する東京都あきる野市の自然に感銘を受けた担当者が、都会にはない美しい太陽をシンボルに採用、「いつでも常夏」をアピールしたのだとか。2007年に40周年を迎え、日本最大級の流れるプールがオープンした

●サマーランドの太陽マーク(東京サマーランド)
採用年：1966年
問合せ：株式会社東京サマーランド／042-558-6511

チャルメラおじさん

「♪パリラ〜リラ」というチャルメラの調べは、小学生が縦笛で遊ぶ際の定番フレーズ。が、それはテレビのCMやコントなどで聞き覚えたもので、チャルメラを鳴らす屋台のラーメン屋さんを本当に見たことがある、という人は我々世代にも少ないと思う。小学校低学年くらいまでだろうか、僕が住んでいた町にはときおり本物のチャルメラの音が響くことがあった。聞こえるのはいつも夜遅く、すでにふとんに入ってからのことなので姿を目にしたことはない。音だけを聞きながらふとんのなかで思い浮かべていたのは、もちろん「明星チャルメラ」のパッケージイラストだ。

「明星チャルメラ」のコンセプトは「街の味」。担当者が東京中の有名ラーメンを食べ歩き、神田小川町にあった「粋好苑」という店の味をモデルに開発した。どこか懐かしい昔ながらの東京ラーメン、それを体現するキャラクターとして誕生したのが、二〇〇点あまりの候補から選ばれた「チャルメラおじさん」。あのイラストに描かれる東京の夜は、六〇年代にはもうすでに古き良き時代の風景となっていたのだろう。

作者はイラストレーターの木村修二氏。おじさんも背後の夜景も、時代の変化に合わせて少しずつ変化している。現行のものは2010年にリニューアルされた。おじさんの顔から無精ヒゲが消え、草履からスニーカーへと履き替えている。相棒のクロネコがミケネコだった時代もあった。左はリニューアル前の旧おじさん

●チャルメラおじさん(明星チャルメラ)

採用年：1966年

問合せ：明星食品株式会社／03-3470-1691

キョロちゃん

「森永チョコボール」のCMで「金なら一枚、銀なら五枚！」と呼びかけていたのは、『おかあさんといっしょ』の初代「うたのおにいさん」、または『ビューティフル・サンデー』の田中星児氏（それ以前はペギー葉山が出演）。金・銀のエンゼルで当たるのは、もちろん「おもちゃのカンヅメ」だ。ＣＭには、一瞬だけ缶の中身がドバッと飛び出す場面があって、なんだかわからないが、とにかく魅力的なモノがいっぱい入っているように見えた。「ほしい！」と思ったものの、自分の根気のなさをすでに知っていたので、結局、エンゼル収集を試みることのないまま大人になってしまった。

「チョコボール」といえば、お菓子系長寿キャラの代表「キョロちゃん」。「チョコボール」の「くちばし」つきパッケージが鳥に似ていることから考案された鳥型キャラだ。今では各種グッズにもなって多くの人に愛される「キョロちゃん」だが、当初、社内では「目つきが悪い」などと評判はさんざんだったのだとか。開発者たちは、せめて名前だけでもかわいく、ということで「キョロちゃん」と名づけたのだそうだ。

60年代、森永は『宇宙少年ソラン』のチャッピー(リス)をキャラに「チョコレートボール」という商品を販売していた。アニメ終了にともない商品も終売。代わって登場したのが「キョロちゃん」の「チョコボール」。発売時はチョコ、ピーナッツのほかに「カラーボール」(青や黄色のチョコボール)もあって、カラフルな「キョロちゃん」が箱に描かれた。基本デザインは登場時からほぼ変更なし。左は初代「おもちゃのカンヅメ」

●キョロちゃん(森永チョコボール)

採用年：1967年
問合せ：森永製菓株式会社／0120-560-162

ゼブラのみえるみえる

僕にとってもっとも古いCMの記憶がゼブラの「みえるみえる」だと思う。幼稚園入園以前のことなので詳細はほとんど覚えていないが、わざと抑揚をなくしたような、ちょっとロボットじみた男性の声の「みえるみえる」というセリフにあわせ、真っ黒なバックに映し出された巨大な目玉がギョロリと動く。この影絵のようなシーンだけは、今も強烈に印象に残っている。当時、多くの文具店に目玉マークのポップが飾られていて、それを見るたびに「みえるみえる」のCMの声をマネしたものだ。「文具編」でも解説したが、このCMは一九六七年に発売された「ゼブラクリスタル4100」のためにつくられたもの。現在はスタンダードになっている透明軸ボールペンの国産第一号だ。透明軸はすでにBIC製のものが輸入販売されていたが、当時のBICのペンはインクがチューブにこびりついてしまうため、外からでは残量が正確に見えない。それを改善した「ゼブラクリスタル」は、インクの減りが外から「みえるみえる」。つまり業界初の「意味のある透明軸」ボールペンだったのである。

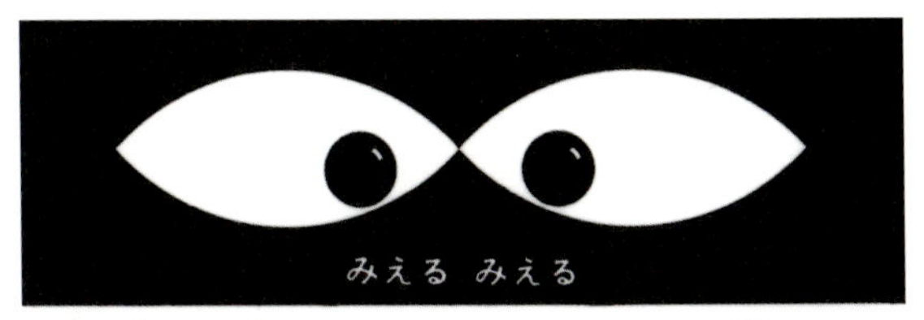

ゼブラボールペン

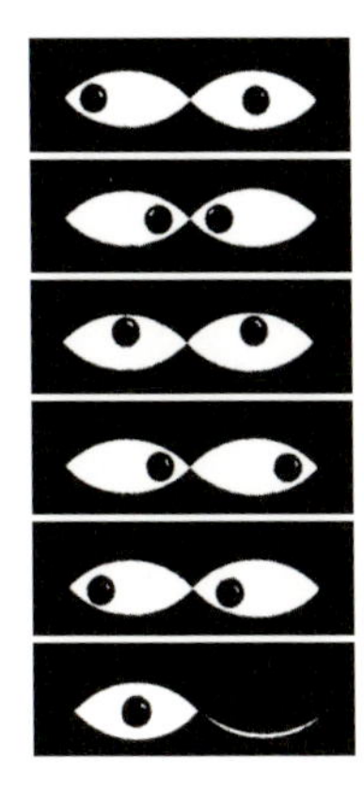

「みえるみえる。インクの見えるボールペン、クリスタルゼブラ。…中略…ゼブラクリスタルは、インクの減っていくのがはっきり見えるボールペンです。インクの量がわかるのはゼブラクリスタルだけ」。これが当時のCMナレーション。現在も「ニューハード」などは目玉シールつきだ

●ゼブラのみえるみえる（ゼブラクリスタル）

採用年：1967年

問合せ：ゼブラ株式会社／0120-555-335

アラビヤン坊や（仮名）

僕と同じ年に生まれ、おそらく七〇年代の初頭までは東京のどこのスーパーでも見かけることができた「アラビヤン焼そば」。いつのまにか千葉・茨城限定の流通となって見かけなくなったが、レトロ好きの間でネットなどで話題になって、二〇〇九年より再び全国展開されている。我々世代の記憶をくすぐるのは、人形劇・人形アニメが全盛だった時代の子ども文化の雰囲気を色濃く残すパッケージだ。僕ら世代の記憶にボンヤリとした印象だけを残して過ぎ去った六〇年代のキッズカルチャーの残り香みたいなものが、この人形写真のパッケージに刻みつけられていると思う。

このアラビヤン坊や（実は名前がない）、サンヨー食品社内にもあまり資料が残されていないのだが、記録では一九六七〜七〇年ごろまではテレビCMに人形アニメとして登場している。僕も以前から「動く坊や」を目にしたことがあるような気がしていたのだが、『ブーフーウー』や『ひょっこりひょうたん島』など、幼児期に見た無数の人形たちにまぎれてしまって、確かな記憶を引っ張り出すことができない。

発売当初の商品(左)とテレビCM(右)。この当時はパッケージの人形にも口ひげがなかった。「不思議なほどおいしい」ことから、「アラビアンナイト」などに登場する魔法使いをモチーフにした、という説が有力

●アラビヤン坊や(アラビヤン焼そば)

採用年：1967年

問合せ：サンヨー食品株式会社／027-265-6633

出前坊や

四〇年間にわたり、おかもちを提げて走りつづけてきた日清食品「出前一丁」の「出前坊や」。誕生以来、ハチマキ、ハッピ、ゲタという基本スタイルはほとんど変わっていない。ただ、九〇年代後半からおかもちを左手に持ったポーズが使われていたが、二〇〇四年に「右手持ち」に更新。発売当初のポーズにもどった形だ。そんな彼が一躍脚光を浴びたのが九〇年代。九三年からシリーズ化されたアニメCMでは、語尾に「じょ〜」をつけてしゃべるアニメ版「出前坊や」が登場。劇画タッチに変身したり、初お目見えの両親や祖母、妹の「出前ちゃん」などと寸劇を展開した。

日清食品のキャラといえば、我々世代にとって懐かしいのが「ちびっこ」。その昔、「チキンラーメン」「日清焼そば」のパッケージに描かれていた野球帽にTシャツ、短パン姿の少年だ。子どものころから気になっていたのが、「出前坊や」と「ちびっこ」の関係。ギザギザの金髪や赤い鼻がそっくりで、「出前坊や」がハチマキを取って「N」印の野球帽をかぶると「ちびっこ」になってしまう……ような気がする。

年齢は８歳。家族は「出前パパ」(45歳)、「出前ママ」(40歳)、「出前ばあちゃん」(70歳)、妹の「出前ちゃん」(５歳)。この「出前坊や」の勇姿を目にすると、すぐに頭に思い浮かぶのが「♪あ〜らよ」のCMソング。作曲は「浪花のモーツァルト」の異名をとるキダ・タロー先生だ

●出前坊や(出前一丁)

採用年：1968年

問合せ：日清食品株式会社／03-3205-5252

マスプロサンダーズ

「マスプロサンダーズ」の名に覚えがなくとも、マスプロアンテナのCMに出ていた鬼（雷様）の三姉弟と聞けば昭和っ子ならピンと来るはず。CMにはさまざまなバージョンがあったが、我々世代に強い印象を残したのが七〇年代なかばに放映された「スケスケネグリジェ」編。ピンクのネグリジェ姿の色っぽいお姉さんがハスキーな声で「♪あぁ～ん、見えすぎちゃって困るのぉ～ん♡」と歌っていると、空から鬼の子どもがジョウロで雨を降らす。濡れたネグリジェがスケスケになってお姉さんの下着が「見えすぎ」ちゃう、という内容。「ハレンチ」が文化を席巻していた「昭和元禄」ならではの展開で、小川ローザの「Ｏｈ！モーレツ」（丸善石油／一九六九年）と並ぶお色気ＣＭの傑作である。実写とアニメを組み合わせた演出も印象的だった。

主役キャラ的な男の子「マス坊」、グラマーな長女「プロ子」、末の妹「テナ子」で構成される三姉弟は六九年に初登場し、七〇年代を通じて活躍。さまざまなバージョンのCMに登場した。現在はＬＩＮＥのスタンプとしても人気を博している。

「ラムちゃん」のイメージを先取りしていたかのような秀逸なキャラデザイン。マスプロのCMといえば青江三奈の印象も強いため、あのCMソングを歌っていたのも彼女だった……と思っている人も多いが、「見えすぎちゃって困るのオ〜」を歌ったのは伊藤アイコ。青江三奈は同社のCMで「伊勢佐木町ブルース」の替え歌を披露していた

●マスプロサンダーズ

採用年：1969年

問合せ：マスプロ電工株式会社／052-802-2226

みみちゃん

小学生時代、クラスメイトのほとんどが「五時半の門限」を厳守させられていた。多くの子がたいして文句も言わずに素直にしたがっていたのは、平日の夕方五時半〜六時半が人気アニメの再放送タイムだったからだと思う。『あしたのジョー』『デビルマン』『ルパン三世』『侍ジャイアンツ』『ど根性ガエル』などが繰り返しリサイクルされ、見逃すと「すごかったなぁ、昨日のダブルクロスカウンター！」みたいな翌日の教室の会話に入れない。この時間帯に繰り返し流れていたのが、ご存じ「マルシンハンバーグ」のCM。なので、当時の子どもたちの間で「マルシン」の認知度ほぼ一〇〇％、誰もが「♪まーるしん、まーるしん」の歌を歌えたのである。

で、その当時から「マルシンハンバーグ」の外袋を飾っていたの「みみちゃん」だ。クリクリのヘアスタイルがキュートだが、実はこのクリクリ、魚を表している。リボンをつけた部分はブタのシッポ。当時の「マルシンハンバーグ」の原料、魚肉と豚肉を表現している（現在は魚肉不使用。鶏肉、豚肉、牛肉で製造されている）。

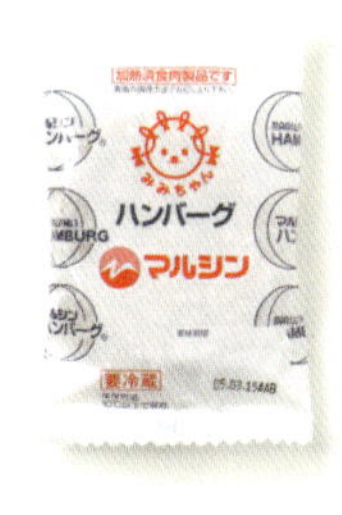

「マルシンハンバーグ」の発売は1960年。つまり、発売から数年間は「みみちゃん」なしのパッケージで販売されていたのだ。当初の原料に魚肉が含まれていたのは、60年代のなかばまでの日本では今ほど牛肉がポピュラーな食材ではなかったため。ちなみに、名前の「みみ」は「美味」に由来

●みみちゃん(マルシンハンバーグ)

採用年：1960年代後半

問合せ：株式会社マルシンフーズ／電話番号非掲載

やきとり缶詰のおじさん

ホテイの「やきとり缶詰」が登場したのは一九七〇年。もちろん焼き鳥の缶詰化は「世界初!」の試みだ。通常はおつまみ扱いなのだろうが、我が家では家族全員がアルコール拒否体質なので、僕にとって「やきとり缶」は家族でドライブに行った先や、運動会の昼食時などに広げるおべんとうの一品、という印象が強い。当時、行楽に持っていくお肉系の缶詰の定番は、明治屋のウインナー、最近は見かけないハム缶詰(鎌倉ハムだっけ?)、そしてこのホテイの「やきとり缶」だったと思う。

昔から缶に描かれているほろ酔いのおじさんや色っぽいお姉さんは、マンガ家・画家の故・おおば比呂司氏によるもの。アイデアとユーモアに満ちたカットで知られる「早描き」の天才だ。おおば氏は缶のデザインだけでなく、中身の焼き鳥にアドバイスしたり、CMにも出演した。子ども時代、どこか少しだらしのない、ちょっと哀愁の漂うおじさんキャラは、あまりに大人っぽすぎて、ひどく縁遠い気がしたものだ。最近は、こうした大人が大人に向けて描くマンガをすっかり見なくなった。

当時、缶詰のデザインといえば中身の食材の図版をあしらうのが常識。が、焼き鳥そのものではなく、「焼き鳥の雰囲気」を出そう、という発想でおおば氏のマンガが採用されたのだそうだ。今ではすっかり「やきとり缶」の顔として定着した。発売以来、原画をいっさい変更せずに使用している

●やきとり缶詰のおじさん(ホテイのやきとり缶詰)

採用年：1970年

問合せ：株式会社ホテイフーズコーポレーション／054-385-3131

ファミリーマーク

子どものころからスーパーマーケットが好きだった。幼少期に通った地元のスーパーは店内の構造までしっかり覚えているが、なにかのきっかけで立ち寄った別の町のスーパーなども妙に記憶に残る。小学校に上がったころ、耳鼻科だか眼科だかに行くために、恵比寿から隣町の中目黒に出かけた。母親がついでに買いものをしていくというので、見慣れない「親子マーク」のスーパーに入った。地元の店とはまったく違う雰囲気で、なんだか外国に来たような気分になったのを覚えている。恵比寿では一度も見たことがない卵型チョコ（なかに恐竜のフィギュアが入っている）を買ってもらって、それ以来、隣町の「親子マーク」のスーパーは、僕にとって「見たこともないようなモノが売っている不思議なお店」になった。それが東急ストアだ。

あの「親子マーク」の正式名称は「ファミリーマーク」。一九七〇年、足立区竹の塚店開店時にはじめて使用されたのだそうだ。顧客との信頼、家族愛などをシンボライズしたもので、中心となる親子のデザインは採用以来、ほとんど変わっていない。

最初のマークはユーモラスなウサギのイラストだった（1958年）。その後、キュートなリスになり（61年）、70年にCIを導入。以降、「ファミリーマーク」が継続して使われている。僕は勝手に「親子マーク」と呼んでいたが、当初は社内でもこう呼ばれていたそうだ。75年に呼称が統一された

●ファミリーマーク（東急ストア）

採用年：1970年

問合せ：株式会社東急ストア／03-3714-2317

ドムドムハンバーガーのゾウ

七〇年代初頭は、日本のファストフードの幕開けの時期である。これ以前、ハンバーガーは商店街のパン屋で売られる総菜パンのひとつ、もしくは「『ポパイ』に登場するウインピーの好物」でしかなかった。僕がはじめてファストフードとしてのハンバーガーを食べたのは一九七一年、四歳のときだ。オープンしたばかりのマクドナルド銀座一号店に、母親を説き伏せて出向いた。雨の日で、当時のマックはイートイン不可。どしゃ降りの歩行者天国でハンバーガーにかぶりついたのを覚えている。

日本初のハンバーガー店は、いや、ファストフードチェーンという業態そのものの先駆者となったのは、七〇年、東京・町田にオープンしたドムドムハンバーガー。主にダイエー、マルエツ内にショップを展開した老舗チェーンだ。当初、親会社ダイエーの企業理念「良い品をどんどん安く」の「ドンドン」を店名とする予定だったが、すでに他社が商標登録していたため、NをMに変えて「ドムドム」と命名。マークのゾウは、やさしくて力持ち、子どもが親しみやすい、ということで採用された。

1982年までは、正面を向いて旗を持つゾウのマークだったそうだ。それ以降は文字の色などに変更はあったものの、基本的に現行デザインが使われている。ただ一時期(91〜94年)、ゾウのない文字のみのロゴが使用されていた。本拠地のダイエーが次々と閉店していることもあって昨今は店舗数が減っているが、熱烈な「信者」たちは独自の応援サイトなどを立ち上げて支持している。個人的にも「ここのハンバーガーが一番うまい！」と断言したい

●ドムドムハンバーガーのゾウ(ドムドムハンバーガー)

採用年：1970年

問合せ：株式会社オレンジフードコート／03-5627-8201

マンダムマーク

一九七〇年に放映された「マンダム」のＣＭは、その斬新なイメージで社会現象を巻き起こした。ＣＭ業界初の海外ロケ、男臭いダンディズムを体現するチャールズ・ブロンソンの起用、そしてニューシネマを思わせる若き大林宣彦監督の演出。これらが相まって、ひとつの短編映画のような強烈な印象を残す「作品」として従来のＣＭ観を打破してしまう。小学生の間でもブロンソンの決めゼリフ「う〜ん、マンダム」は大流行し、当時の『サザエさん』にも時事ネタとして取り上げられた。「マンダム」は認知度九〇％を誇るブランドに成長し、丹頂は「マンダム」と社名を変更する。

ＣＭの印象があまりに強いため、あの「マンダム」のマークはブロンソンの顔だと思い込んでいる人が多い。が、実際のモデルはヨーロッパのある公園の鉄格子に刻まれていた男性の顔。これをヒントに「時代、思想、人種を超越した根源的な人間」を表すものとしてデザインされた。実はＣＭの冒頭にも、顔つきの鉄格子が門のように開くシーンが登場する。「男の世界」の入り口、という意味合いがあったのだろう。

ブランド名「マンダム」は「MAN（男）＋DOMAIN（領域）」で「男の世界」を意味するものだったが、社名として採用され、1983年のCI見直しにより「HUMAN」の「MAN」と「FREEDOM」の「DOM」の合成語として「人間尊重と自由闊達な風土のなかで豊かな創造性が発揮される人間集団」と再定義された。写真右は「マンダム」シリーズの「ヘアリキッド」

●マンダムマーク

採用年：1970年

問合せ：株式会社マンダム／06-6767-5020

ふくろう博士マーク

主に平日夕方に繰り返し流れていた日本家庭教師センター学院のCMは、同世代なら今も鮮明に覚えていると思う。「みないーふくろう、くわしーふくろう」という電話番号の語呂合わせ、「ふくろう博士」こと古川のぼる初代学院長の「やる気にさせます！」という決め台詞、そしてCMの最後にパタパタと飛んでくる「ふくろう博士」マーク。これらの記憶から、子ども時代の夕暮れどきを思い出す人も多いだろう。

創業者・古川のぼる初代学院長は、その恰幅（かっぷく）のよさから大学時代に「ふくろう」とあだ名されていたそうだ。当初、本人は嫌がっていたが、調べてみると「ふくろう」はギリシャ神話の世界では知恵の象徴、中国では商いの神、日本では「不苦労」から縁起物とされる。これらのことから、古川氏が日本初の家庭教師派遣事業をスタートする際、自らのニックネームと学院のシンボルに「ふくろう」を使うことにした。

現在はご令息の古川隆弘氏が二代目「ふくろう博士」として学院長を務めている。もちろん、あの伝統の「ふくろう博士」マークはそのまま継承されている。

角帽をかぶり、分厚い本を開く「ふくろう博士」の姿はあのころのまま。CMでは、ほかに「多浪」を「禁」ずる「禁多浪教師」がアニメで登場するバージョンもあった。日本家庭教師センター学院のCMはなぜか必ず2回続けて流れていた……という記憶がある。やけに印象が強いのはそのせいかもしれない

●ふくろう博士マーク

採用年：1971年

問合せ：株式会社日本家庭教師センター学院／03-3380-2960

カンパンのバグパイパー

小学生時代、避難訓練のあとには必ず三立製菓の缶入りカンパンが配布された、ということは「食品編」にも書いた。サイレンで授業中断→避難→全校集会→カンパン配布→解散というのが、避難訓練のある日のスケジュール。早く帰れるうえにおみやげまでもらえるので、わりと楽しみにしていた行事のひとつだった。特別イベントつきの「豪華版避難訓練」も年に一度ほど行われ、こういうときは消防車がやってきて校庭に水をまき、そこに大量のドジョウをばらまいて「ドジョウつかみ大会」が行われた。今考えると、どこが避難訓練なんだよ?と首をかしげたくなる企画である。

三立のカンパンの目印といえばバグパイパー。僕は「バグパイプ」なる楽器を知る前に、カンパンのキャラでその形を目にしていた。「これはなんだ?」と思っていたが、数年後、音楽の教科書で「スコットランドのバグパイパー」の写真を発見し、「あ、カンパンのおじさんだ!」と目を丸くした。今回の取材でバグパイパーがカンパンのキャラになった理由を知って、再び目を丸くしてしまったのである。

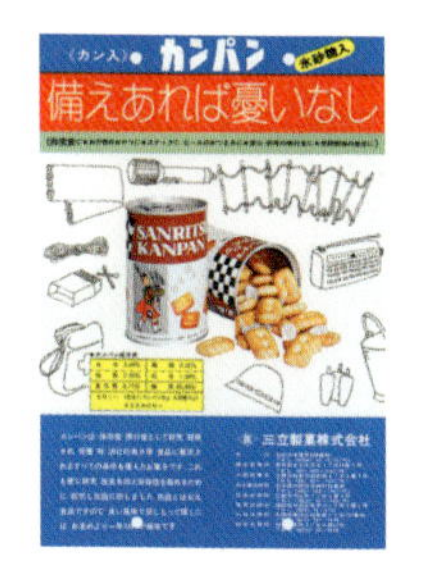

江戸時代に軍用の携帯食として誕生したのがカンパン。明治以降も軍用非常食として用いられた。キャラも兵隊をモチーフに考案されたが、日本兵ではイメージが暗くなる。そこで、武器を持たず、戦闘にも参加しないスコットランドの軍楽団の姿が採用された。左は70年代のパンフレット

●カンパンのバグパイパー（三立製菓のカンパン）

採用年：1972年

問合せ：三立製菓株式会社／電話番号非掲載

ウイニー坊や

一九六六年に登場した「ウイニー」は「皮なしウインナー」という画期的な商品だった。が、爆発的にヒットしたのは発売から六年後、「ウイニー坊や」がテレビCMに登場し、パッケージにも彼の姿が印刷されるようになってからのことだ。この時代、僕自身も大量の「ウイニー」を消費した。園児時代のお弁当のおかずの常連でもあったが、目玉焼きといっしょに朝食に出されることも多かった。うっすらとコゲ目がつくまで炒め、ほんの少しだけ塩をふりかける、というのが定番の食べ方。塩は本当に微量、フライパンからあげる直前にサッとふりかけるのがポイントで、表面に塩のツブツブが残ったままの状態がおいしいのだ（完全に個人的な好みだけど）。

僕はずっと「ウイニー坊や」は「原始人の子ども」だと思っていた。恐竜と共演するCMも見た、と信じ込んでいたが、これは完全な勘違い。原始時代などという設定はまったくないのである。当時よく見ていた『はじめ人間ギャートルズ』や『原始家族フリントストーン』などとゴッチャになって、記憶が混線していたらしい。

2013年、「ウイニー坊や」は大幅にリニューアルされ、わんぱくな現代っ子風に生まれ変わった①。「ウイニーパパ」「ウイニーママ」「ウイニーネーネ」(姉)など、ファミリーのキャラたちも加わった②。③④は我々世代が親しんだリニューアル前の「ウイニー坊や」

●ウイニー坊や(ウイニー)

採用年：1972年
問合せ：日本ハム株式会社／0120-175955

東京メガネのメガネマーク

現在、メガネは男女を問わずファッションアイテムのひとつと考えられるようになったが、その昔はだいぶ事情が違っていた。僕の小学生時代、クラスのメガネっ子はただそれだけで「のび太」、もしくは「ガリ勉」的な扱いを受けてしまう。子ども用メガネのデザインも、一律に男の子は黒ブチ、女の子は赤ブチと相場が決まっていた。八〇年代まではメガネっ子不遇時代だったのである。が、そんな時代に「メガネ美容」を提案していたのが、一八八三年創業の老舗メガネ店、東京メガネだ。

同社はすでに五〇年代から「メガネは単なる視力矯正器具ではなく、美容のひとつ」と主張していた。これを強烈にアピールしたのが、七二年スタートの「♪メガネは顔の一部です」というCM。キャッチコピーは流行語にもなり、放映初年に賞も受賞。七二年から二〇〇二年まで、さまざまにスタイルを変えて放映されつづけた。七〇年代っ子の誰もが一度は歌ったCMソングとともに、印象的だったのがパチッとまばたきをする「メガネマーク」。さりげないデザインだが、妙に記憶に残るマークだ。

新ロゴ

視る力。魅せる力。

東京メガネ

旧ロゴ

メガネは顔の一部です

東京メガネ

現在、同社ではロゴのリニューアルが進行中。新ロゴでは「視る力。魅せる力。」というコピーが付加されているが、これは同社が推し進めてきた「おしゃれとしてのメガネ」が市民権を得た現在、本来の視力矯正器具としての信頼性も重視するという老舗としてのメッセージだ。徐々に新ロゴに統一される予定

●東京メガネのメガネマーク（東京メガネ）

採用年：1972年

問合せ：株式会社東京メガネ／0120-341-555

日ペンの美子ちゃん

昭和っ子たちには説明不要。七〇～八〇年代を通じて最高の知名度を誇った傑作広告マンガだ。現在も多くのファンが存在し、「研究本」も刊行されたりして、今では昭和の少女マンガ文化を象徴する存在となっている。が、当時、「美子ちゃん」は決して「少女たちだけのもの」ではなかった。掲載媒体のメインは確かに少女マンガ誌だったが、少年誌、学習誌、中高生向け学年誌などにも幅広く掲載され、昭和男子にもおなじみだったのだ。少年誌・少女誌の区分けが今より厳密だった当時、「美子ちゃん」はその両者を大胆に「横断」していた。「少女マンガなんて読んだこともない」という男子たちも必ず読んでいる稀有な少女マンガだった……とも言える。

また、毎回繰り返される定番の展開には、男子たちもついつい読んでしまう独特のおもしろさがあった。お決まりの「営業トーク」を盛り込みつつ、最後は「ギャフン！」というギャグマンガ的オチ。おしゃれでキュート、でも、ときにかなり破天荒な歴代「美子ちゃん」の魅力は、元男子たちの記憶のなかにも輝きつづけている。

日ペンの美子（みこ）ちゃん

現在活躍中の５代目「美子ちゃん」（梅村ひろみ・作）。アシスタント的存在のペット（ネコかウサギ）を飼っているという歴代の設定はもちろん５代目にも踏襲されている

我々世代が親しんだ矢吹れい子が描く1972年登場の初代。その後、森里真美（84年）、まつもとみな（84〜87年）、ひろかずみ（88〜99年）へと描き継がれていった

●日ペンの美子ちゃん

採用年：1972年

問合せ：株式会社学文社／03-3232-3561

カールおじさん

明治製菓の「カール」は日本のスナックの先駆け的存在。スナック菓子常食者第一世代の我々にとって、「ともに育った」と言っても過言ではない商品だ。ものごころついたときの「カール」は「チーズがけ」と「カレーがけ」の二種（発売時は「カレー」ではなく「チキンスープ」）。懐かしいのは、小学生時代に発売された「バターミルクあじ」だ。甘い「カール」の登場にビックリしたが、食べてみると、ちょっとしっとりしていてクリーミー。大好きだったのに、いつの間にか消えてしまった。

さて、「カール」のキャラといえばご存じ「カールおじさん」。が、第一弾CM登場時は単なる脇役のひとり。主役はあくまでも「カール坊や」だった。「おじさん」は動物たちにまぎれたモブキャラでしかなかったのだ。が。「あのおじさん、おもしろい！」という視聴者の声で二作目の主役に抜擢されたが、三作目には出演していない。「あのおじさん、どこへ行ったの？」の問い合わせが殺到し、再び主役の座に復帰。二転三転したおじさんの人生だが、今ではすっかりお菓子系キャラの重鎮である。

「カールおじさん」は「40歳くらい」で独身。農業に従事。上の画像で先頭から2番目で踊っているのが「カール坊や」。年齢は小学校低学年くらい。「おじさん」の息子と思われがちだが、実は甥。「おじさん」の後ろで踊っているのはカエルの「ケロ太」

●カールおじさん（カール）

採用年：1974年

問合せ：株式会社明治／0120-041-082

モモちゃん

「♪メン、メン、メガネのよいメガネ」の曲にのせ、桃太郎の「モモちゃん」が行進するメガネドラッグのCM。昔と変わらぬスタイルで今もおなじみだが、旧CMの映像を見てビックリ。今とは違い、行進する「モモちゃん」は文字どおり目を三角にして怒りっぱなしで、CMの間中、一度も笑顔を見せないのである。「モモちゃん」ってこんなに怖いキャラだったたっけ？ というか、なぜあんなにも怒ってたんだろう？

メガネドラッグ創業は一九七二年。ある日、薬局を経営していた創業者・森野茂氏は、近所の店でメガネをつくった。軽い気持ちで「まけてくれ」と言ったところ、「メガネはクスリなんぞと違い、値引きできない」と一蹴される。調べてみると、当時、メガネの売価は原価の三倍。これはおかしいと奮起し、「良い品をより安く」をモットーにメガネ店を設立したのである。で、初期の「モモちゃん」の使命は「高値（というオニ）の破壊（退治）」。だから決意に満ちた怒りの目をしていたわけだ。現在は使命が果たされ、安価なメガネが普及。表情もすっかりやさしくなっている。

CMは1974年スタート。印象的な曲は小林亜星氏の作曲だ。77年には店頭人形が登場。上は現在の店頭人形(左)と初期のCMの「モモちゃん」(右)。人形は今も厳しい表情のままだ。同社HP(http://www.meganedrug.com)では旧CMの閲覧や「モモちゃん壁紙」などのダウンロードが可能

●モモちゃん(メガネドラッグ)

採用年：1974年

問合せ：株式会社メガネドラッグ／03-3735-0022

小梅ちゃん

ロッテの傑作キャンディ「小梅」の発売は一九七四年。その商品キャラクターとして登場したのが、明治生まれの清楚な美少女「小梅ちゃん」だ。彼女をめぐっては恐ろしいまでに詳細なキャラ設定と世界観の構築がなされており、一商品キャラとしては異例なことに、画集、資料集など数冊の「小梅本」も発売されている。

東京・小石川生まれの一五歳、三姉妹の末っ子で、内気、働き者、料理が得意……というのが「小梅ちゃん」の基本的プロフィール。名門・綾小路家のひとり息子、かすりの着物と学生帽着用の「真」さま（かつて「小露」のパッケージに登場していた）に淡い恋心を抱いている、なんてことまで設定されている。「小春」「小夏」「小彩」「小雪」といういとこ姉妹も存在し、それぞれの名を冠した商品も発売された。

かわいさ、美しさだけでなく、なにかしら奇妙な哀感をたたえた人物たちの造形は、刹那的な同棲生活の破綻を叙情的・実験的に描いたマンガ『赤色エレジー』の林静一氏。はかなげな線は、竹久夢二直系の少女画を描きつづける林氏ならではのものだ。

「小梅ちゃん」には「小春」「小夏」「小彩」「小雪」の４人のいとこ姉妹が存在する。彼女たちもそれぞれキャンディとして商品化されてきたが、現在は各キャラをモチーフにした５種類のキャンディをアソートした「小梅ちゃん ５つの果実キャンディ（袋）」が販売されている

●小梅ちゃん（小梅）

採用年：1974年

問合せ：株式会社ロッテ／0120-302-300

メンタームキッド

ちょっとしたヤケドなどをするたびに、親などから「メンタムでも塗っておきな」と言われた記憶のある人は多いと思う。この「メンタム」という名称、僕はずっと「メンソレータム」の略称なのだと思っていた。が、当時のことをよ～く思い出してみるとちょっと違っていて、我が家では「メンソレータム」の略称としては「メンソレ」という言葉が用いられていた。「メンタム」と言っていたのは祖母で、祖母の家に常備されていたのは、あの「リトルナース」の缶ではなく、頭に羽根をつけたネイティブアメリカン（だと当時は思っていた）の少年のマークの缶だったのである。

メーカーによれば、あのキャラクターの男の子はネイティブアメリカンではなく、ギリシャ神話に登場する医術の神（太陽神ともされる）、アポロンをモチーフにした「メンタームキッド」。商品は近江兄弟社が販売する「メンターム」だ。こちらも「リトルナース」を描いたといわれる今竹七郎氏の作。また、そもそも「メンソレータム」を国内で最初に販売したのも、「メンターム」の近江兄弟社なのだそうだ。

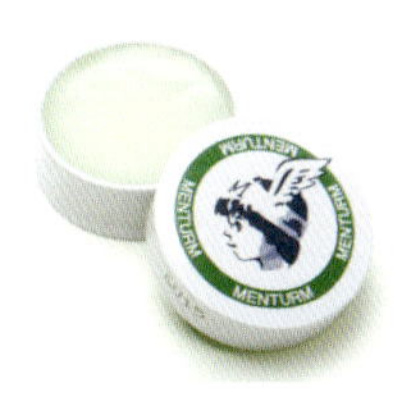

どことなく70'sテイストなポップかつキュートなデザインだ。僕の知人には、子ども時代、「ナース印は女の子用の薬、少年印は男の子用の薬」だと信じていた、と証言する人もいる。モデルとなったアポロンは医学・数学・音楽の神で、永遠の若さを保つ青年神とされている

●メンタームキッド(メンターム)

採用年：1975年

問合せ：株式会社近江兄弟社／0748-32-3135

チルチルミチルの青い鳥

この「青い鳥」マークは小学生時代からのお気に入りだった。子どものくせに、と思うかもしれないが、当時はお菓子屋さんを兼ねたタバコ屋さんは多く、近所の公園前の店などは子どもたちのたまり場になっていた。ガムやアイスなどを買うたびに、カウンターに並べられた各種喫煙具が目に入る。いつも気になっていたのが、のっぺらぼうの「BICボーイ」と、この「チルチルミチル」の「青い鳥」だったのである。

「チルチルミチル」は国内に普及した最初の一〇〇円ライター。オイルショックの影響で不景気な話題ばかりだった当時、「少しでも夢のある名前を」ということでメーテルリンクの童話『青い鳥』の主人公たちの名をとって命名された。が、当初はマークを刻印する予定はなかったのだそうだ。発売直前になって「商品を印象づけるシンボルマークがあったほうがいい」ということになり、急遽、つきあいのあったイラストレーター・松本豊氏を呼び寄せ、「とにかく時間がないから」とその場で描いてもらったのだそうだ。誕生から四〇年以上、デザインはまったく変わっていない。

チルチル ミチル®

上記のイラストがライターの風防部分に刻印されている。かつてはテレビCMも放映された。また、同社は70年代の伝説的イベント「アントニオ猪木VSモハメッド・アリ」戦のスポンサーとしても知られ、試合放映時に売り上げを大幅に伸ばしたそうだ

●チルチルミチルの青い鳥(チルチルミチル)

採用年：1975年

問合せ：東京パイプ株式会社／03-3436-1081

クリちゃんマーク

最近はあまりそういう光景を見かけなくなったが、かつての「街のクリーニング屋さん」は白くて温かい蒸気に包まれていた。冬の朝などは付近の排水溝やマンホールからもモワモワと湯気が立ちのぼっていて、前を通るとホカホカとした温かさと、お風呂屋さんの匂いにも似た柔らかな香りを感じたものだ。あんなふうに派手に湯気を出すお店はずいぶん減ったが、今は湯気を出さない技術でも開発されたのだろうか?

この「クリちゃんマーク」を目にすると、あの懐かしい湯気のモワモワを思い出してしまう……といっても、この話題は全国共通ではないらしい。僕らが子どものころから親しんでいるこのマーク、実は東京、神奈川、埼玉、千葉、群馬の一都四県のクリーニング組合でのみ使用されているのだそうだ。制定は一九七五年。七三年のオイルショックでクリーニング業界も業績が低迷し、大手チェーンの増加で個人経営が多い組合店が苦戦を強いられはじめた。そこで打ち出されたのが「安心と信頼」を伝えるPR事業。そのシンボルとして誕生したのが「クリちゃんマーク」だった。

「太陽、９つの惑星、人間」が表現されている。デザインは品川区の組合員が手がけたそうだ。かつては多くの組合加盟クリーニング店（クリちゃんの店）が、クルクルと回転する電動式の「クリちゃん」看板を掲げていた

●クリちゃんマーク

採用年：1975年

問合せ：東京都クリーニング生活衛生同業組合／03-3813-4251

ワンタンボウヤ

「お手伝い」を積極的にやる子どもではなかったが、学校からのお達しもあって、週に何度かはなにかしらやらされた。好きな仕事がふたつあり、ひとつはサヤエンドウのスジ取り。地味な作業だが、やっているうちに集中力がグングン高まってくるような妙な魅力があった。もうひとつがギョウザの皮包み。これはなかなか高度な作業だ。アンの量（多すぎると皮がやぶける）、接着剤代わりにつける水の量（つけすぎると皮が閉じない）などの調整には職人的な勘が必要だし、美しいヒダをつくるためには美意識と技術が要求される。毎回、最初のほうにつくったものはみんな不格好で、理想のギョウザは作業に慣れてきた後半の数個だけ、という結果に終わった。

我が家のギョウザの皮は昔から東京ワンタン本舗製。同社のキャラが「ワンタンボウヤ」だ。ワンタン型(?)帽子と長いまつ毛がチャームポイントの男の子。資料がほとんど残っておらず、誕生年も不明。事務用封筒などに印刷される社内的キャラとして誕生し、その後、商品パッケージなどにも使われるようになったのだそうだ。

商品ごとにポーズや衣装、カラーリングが違い、スケボーに乗った絵柄なども存在する。また、なぜか名称が「シュウマイボウヤ」となっている商品もある。上図の妙に色っぽい女性はガールフレンドらしいが、名前は不明。左の「餃子の皮」のパッケージに掲載されているのが基本のポーズ

●ワンタンボウヤ(東京ワンタン本舗)

採用年：1970年代なかば

問合せ：株式会社東京ワンタン本舗／03-3411-9323

さだきち

現在も『笑点』は日曜日を象徴する人気番組だが、三波伸介が司会を務めた七〇年代、特に東京では「見ていない人はいない」と言っても過言ではなかった。当時、番組のアイドル的存在だったのが若き日の先代・三遊亭圓楽師匠。自分を「星の王子さま」と称したり、『仮面ライダー』ネタを答えに盛り込んだりして、子どもたちの人気も高かった。落語好きであろうとなかろうと、我々世代の多くは師匠の二〇〇六年の突然の引退宣言、そして〇九年の逝去には少なからず喪失感を抱いただろう。

圓楽さんといえば、忘れてはいけないのが日本香堂「毎日香」のCM。「お～い、さだきちや」でおなじみのあのCM、放映開始は一九七六年（それ以前は師匠自らが出演する実写版だった）。当時はお盆とお彼岸の時期のみの放映だったが、落語の世界観をアニメで表現する独特のほのぼの感が好評を得て、多数のシリーズがつくられた。九八年からは一年を通じて放映されており、後半は圓楽師匠お得意の「なぞかけ」を盛り込んだパターンが定着。以降は六代目圓楽師匠が語りを引き継いでいる。

左は初期の「さだきち」。当初は落語の「丁稚もの」（丁稚奉公の子どもを主人公とした噺）をモチーフにしていた。「さだきち」も落語に登場する「丁稚さん」の典型的な名前。時代とともに「丁稚もの」の色合いは薄れ、季節の情緒がテーマとなる。いつも共演している女の子は「かおりちゃん」

●さだきち（毎日香）

採用年：1976年

問合せ：株式会社日本香堂／03-3541-3473

きょろちゃん

以前からレトロショップなどで「昭和レトロ女子」の熱い視線を一身に浴びていた傑作かき氷機。未開封のデッドストックなどは超お宝価格だったが、インテリアとして所有したいと思う人も多いらしく、機能しないジャンク品にもけっこうな値がついていた。往時を知る人が懐かしさから買うのではなく、特に若い世代に人気が高い。世代を超えて「レトロかわいい」を象徴する商品として人気を博していたのである。

その「きょろちゃん」が二〇一六年、ついに正式に復刻！　復刻品にありがちな妙なアレンジを加えず、外箱の意匠までも忠実に再現した仕様だ。案の定、予約開始と同時に注文が殺到し、初回ロットは即完売。生産が追いつかない事態になっている。

リアルタイム世代の僕にとっても「きょろちゃん」は憧れの商品だ。我が家には某社の「ハイアイス」という機能重視の頑丈なかき氷機があったため、親にねだっても「これが壊れたらね」と言われつづけ、結局最後まで買ってもらえなかった。近所の「よっちゃん」宅の「きょろちゃん」を妬ましげに眺めるだけの日々を送ったのだ。

頭のハンドルを回すと目玉がきょろきょろ動く、というギミックが当時の子どもたちを魅了した。1976年発売の初代、77年の2代目、78年の3代目のうち、復刻されたのはもっとも人気の高かった3代目。当時と同じオレンジ、イエロー、ブルーの3色で発売される

●きょろちゃん

採用年：1976年

問合せ：タイガー魔法瓶株式会社／0570-011101

ラタ坊

これをひと目見ただけで、「♪あ〜た〜らし〜い朝がきた〜」という歌が頭のなかに響いて、遠い昔の夏休みの日々がよみがえってくる。ラジオ体操の告知ポスターや出席カードの絵柄として現在も使用されている「ラタ坊」だ。子ども時代は「ラジオ体操坊や」と呼んでいた記憶があるのだが、現在はこれを縮めた「ラタ坊」が正式名称となっているらしい。生みの親は同世代であればこれもおなじみ、新聞連載マンガ『ほのぼの君』『ちびっこ紳士』などで知られる佃公彦氏だ。

誕生は一九七八年で、ラジオ体操五〇周年記念キャラクターとして初お目見えした。これが個人的にはちょっと意外で、もっと前から目にしていたような気がするのだが、おそらく僕ら世代の昭和っ子は以前から佃公彦氏が描くキャラクターにあちこちで日常的に接していたからなのだろう。特に人気テレビ番組だった『お笑い頭の体操』（一九六八〜七五年）では佃氏のイラストが多用されていた。佃氏がラジオ体操のキャラを依頼されたのも、もしかしたら「体操つながり」だったのかもしれない。

この上なくシンプルだが、ひと目で佃氏の作とわかる唯一無二のタッチ。文字どおり「ほのぼの」感に満ちた氏の作風は新聞連載マンガで大人たちに評価される一方、ちょっとオシャレなイラストの作者として子どもたちにも人気を博していた。70年代、氏が手がけるファンシー文具などのグッズは水森亜土、内藤ルネとともに定番だったのである

●ラタ坊

採用年：1978年

問合せ：NPO法人全国ラジオ体操連盟／03-3502-4791

ガリガリ君

数少ないアイスのキャラクターのなかで、知らない人はいないというほどの認知度を誇っているのがこの「ガリガリ君」。一九八一年の発売以来、「デカい・うまい・安い・当たりつき・楽しい」で不動の人気を維持している。七〇年代後半、販売元の赤城乳業はヒット商品に恵まれず、かなりの危機的状況だったそうだ。そこで開発されたのが「片手で食べられる『赤城しぐれ』」。同社の名作カップかき氷「赤城しぐれ」をかためただけの商品だった。かなりの売り上げを記録したが、「袋のなかでくずれちゃった」というクレームも多発。その解決策として、薄いアイスキャンディーの膜でかき氷を閉じ込める製法を考案。この新製法でつくられたのが「ガリガリ君」だ。

もちろんキャラとしての「ガリガリ君」の強烈な個性もヒットの要因だろう。当初は昭和三〇年代のガキ大将をモチーフにした（社長の子ども時代がモデル、という説も）キャラだったが、徐々に洗練され、数々のグッズがつくられたり、少年マンガの主人公になったりと、三五年もの間、常に子どもたちの人気者でありつづけている。

1981年

1992年

登場時から子どもたちには大人気だったが、かつて行われた市場調査では「汗がイヤ」「歯ぐきがイヤ」と若い女性には評判が悪かった。これをきっかけに徐々にイラストを改善。汗も描かれなくなり、2000年からはCGとなった。左のイラストが女性層に嫌われてしまった初期「ガリガリ君」

●ガリガリ君(ガリガリ君)

採用年：1981年

問合せ：赤城乳業株式会社／048-574-3156

索　引

取材にご協力いただきました各企業様に心より感謝いたします。

赤城乳業
アサヒ飲料
EMGマーケティング
出光興産
宇津救命丸
エースコック
江崎グリコ
エスエス製薬
近江兄弟社
オリエンタル
オレンジフードコート
花王
学文社
カネテツデリカフーズ
カネヨ石鹸
亀の子束子西尾商店
キクロン
黄桜
牛乳石鹸共進社
崎陽軒
協同乳業
銀座アスター食品
ケンミン食品
興和
佐藤商事
佐藤製薬
サントリー
サンヨー食品
三立製菓
JVCケンウッド
小学館
スリーエムジャパン
ゼブラ
全国ラジオ体操連盟
象印マホービン
増進堂・受験研究社
ソントン食品工業
タイガー魔法瓶
大正製薬
髙島屋
チチヤス
茶の君野園
ツムラ
でん六
東海漬物
東急ストア
東京サマーランド
東京都クリーニング生活衛生同業組合
東京パイプ
東京メガネ
東京ワンタン本舗
東洋水産
トンボ鉛筆
日清食品
日清製粉グループ
日世
日本家庭教師センター学院
日本海味噌醤油
日本グッドイヤー
日本ケロッグ
日本香堂
日本コロムビア
日本ハム
日本ペットフード
BICジャパン
福助
不二家
ブルーチップ
文明堂銀座店
ポッカサッポロフード&ビバレッジ
ホテイフーズ
マスプロ電工
マルコメ
マルシンフーズ
マンダム
ミニット・アジア・パシフィック
宮坂醸造
明星食品
明治
メガネドラッグ
メリーチョコレートカムパニー
桃屋
森下仁丹
森永製菓
森永乳業
山崎製パン
山櫻
ユニフルーティージャパン
横田
ロート製薬
ローマンミールカンパニー
ロゼット
六甲バター
ロッテ
和光堂
（五〇音順）

まだある。

今でも会える"懐かしの昭和"カタログ ～キャラクター編 改訂版～

2007年 8 月10日　初版第一刷発行
2007年 8 月20日　　第二刷発行
2016年 6 月20日　改訂第二版第一刷発行

大空ポケット文庫

著　者　初見健一
発行者　加藤玄一

発行所　株式会社 大空出版
東京都千代田区神田神保町3−10−2 共立ビル8階　〒101−0051
電話番号　03−3221−0977
メールアドレス　madaaru@ozorabunko.jp
ホームページ　http://www.ozorabunko.jp
※ご注文・お問い合わせは、上記までご連絡ください。

写真撮影……関 真砂子
デザイン……大類百世　芥川葉子　竹鶴仁惠
校正……松井正宏
印刷・製本……シナノ書籍印刷株式会社
取材協力……NPO法人文化通信ネットワーク

ISBN978-4-903175-66-9　C0177